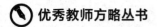

U0576881

优秀教师的沟通技巧

Youxiu jiaoshi
Fanglüe congshu

王利群　本书编写组◎编著

Youxiu
Jiaoshi de
Goutong jiqiao

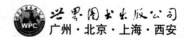
世界图书出版公司
广州·北京·上海·西安

图书在版编目（CIP）数据

优秀教师的沟通技巧／《优秀教师的沟通技巧》编
写组编 . —广州：世界图书出版广东有限公司，2010．11（2024.2 重印）
ISBN 978 - 7 - 5100 - 3007 - 9

Ⅰ．①优… Ⅱ．①优… Ⅲ．①教师 - 人间交往 Ⅳ．
①G451

中国版本图书馆 CIP 数据核字（2010）第 217492 号

书　　名	优秀教师的沟通技巧
	YOU XIU JIAO SHI DE GOU TONG JI QIAO
编　　者	《优秀教师的沟通技巧》编写组
责任编辑	李欣鞠
装帧设计	三棵树设计工作组
出版发行	世界图书出版有限公司　世界图书出版广东有限公司
地　　址	广州市海珠区新港西路大江冲 25 号
邮　　编	510300
电　　话	020-84452179
网　　址	http://www.gdst.com.cn
邮　　箱	wpc_gdst@163.com
经　　销	新华书店
印　　刷	唐山富达印务有限公司
开　　本	787mm × 1092mm　1/16
印　　张	12
字　　数	160 千字
版　　次	2010 年 11 月第 1 版　2024 年 2 月第 4 次印刷
国际书号	ISBN　978-7-5100-3007-9
定　　价	59.80 元

"优秀教师方略"丛书编委会

主　编

王利群　解放军装甲兵工程学院心理学教授
周作宇　北京师范大学教授、教育学部部长

编　委

马世晔　中华人民共和国教育部考试中心
李功毅　《中国教育报》副总编
王增昌　《中国教育报》高级编辑
殷小川　首都体育学院心理教研室教授
张彦杰　北京市教育考试院
魏　红　北京师范大学教务处
刘永明　北京师范大学继续教育与教师培训学院 副研究员
刘艳茹　北京市顺义区教育研究考试中心，中学高级教师
刘维良　北京教育学院教育学教授
杨树山　中国教师研修网执行总编
肖海雁　山西大同大学心理系主任，教授
张兴成　西南大学（原西南师范大学）副教授
南秀全　湖北黄冈特级教师
方　圆　北京光辉书苑教育研究中心研究员

序　言

　　优秀教师何以成为优秀教师，优秀教师的成长有无规律可循？这是一个值得思考和关注的问题。

　　"优秀教师"这个概念，它和我们平时常常提及的"骨干教师"、"名师"或是"特级教师"并不尽相同。后三个概念更多的是以某种标准加以衡量而赋予教师的某种荣誉，表征的是教师某个发展阶段的状态。"优秀教师"倾向于从动态变化的教师成长过程中来解读，它意味着一个漫长而艰辛的成长过程，一个离不开成长期的默默付出，历经高原期的苦闷徘徊，从而达致成熟期的随心所欲的成长过程。

　　我们应该把优秀教师看作是一个发展性的概念。作为一个教师，要在事业上获得成功，首先要有强烈的事业心和责任感，要有崇高的奉献精神，要有坚定不移的意志品质，要有持续发展的信念，要有永不满足、不断学习、不断进取的精神。从发展的角度看，所有的教师都可以成为优秀教师。

　　当然，成为一个优秀教师不仅要有自己的主观条件，还要有客观条件的保证，从立志做优秀教师到成为优秀教师不是必然规律。优秀教师能及时抓住时代发展的机遇，并使机遇成为成长的契机。机遇对成功很重要，但教师的成功不是靠被动地等待，而是认真踏实地工作，通过"量"的积累，在及时把握机遇中达到"质"的飞跃，获得成功。

　　为使主客观条件达到最佳的组合，从而获得成功，今天的优秀教师，应该改变传统的"春蚕到死丝方尽，蜡炬成灰泪始干"的被动的、悲凉的形象，树立一种新的优秀教师成长观，即关注自身精神生命的成长，使得优秀教师的成长不再仅仅是为了一纸文凭或是生存技能的提高，而是为了自我的充实与完善，为了个体的幸福与愉悦，为了更有意义的生活。为这样的目的而努力的人，即称优秀。惟有如此，优秀教师才有可能真正地唤醒自己，同时也唤醒他所接触的人，才有可能创造自己更为美好、更有意义的生活，同时也创造他人更为幸福的生活。

我们应该相信，优秀教师的成长主要不是依靠天赋，而是后天的因素；后天因素对教师成长的影响程度依次为个人的努力、教学互动、专家引领、师傅指导、同伴互助和领导支持。

在成长过程中，尽管每个优秀教师的成长经历都不相同，具有浓厚的个性色彩。但是透过表层的个性因素，仍然可以从中概括出某些共同的要素，说明优秀教师的成长还是有规律可循的，能够提出优秀教师培养的方式方法的。

根据对优秀教师成长规律的总结，我们编写了这套"优秀教师方略"丛书，其特点是强调教师学习与培训的针对性、适用性和可接受性，期望能在教师艰辛的成长过程中助一臂之力，让他们少走一些弯路，减少个人摸索的无效劳动；让更多的教师通过不断的学习、反思、超越，成为"优秀教师"。

目 录

引　言

　　教师在教育活动中经常会面对这样的尴尬：教师在向学生热情地传递知识、价值观和各种行为要求，而学生却毫无兴趣。教师常常面临的是学生的抗拒、低度的学习动机、注意力不集中、厌学等现象，甚至是直接的反对。

　　因此，教师内心常常会感到很不平衡，会对学生说："你长大了就会明白你现在的努力是值得的。""我都是为你好。""你们要听话。""你怎么可以这样对待学习！"等等。而学生面对教师传递给他们的信息，回应却常常是："这个老师真啰唆！""这个老师真凶！""真没意思！""讨厌！""不想见到你！"等等。这样的冲突在学校中每天都在发生。

　　在师生关系的链条中，并不像人们理想中那样——师生之间绝对地互相尊敬、热爱，互相得到双方需要的满意回报。相反的是，相当一部分师生因为双方沟通不畅，长时间在相互埋怨、互不信任，对对方不满意，继而对自己也充满了失败感，然后共同对教育失去信心，这是一种可悲的事实。

　　所以，虽然成功的教育取决于多项因素，但其中一个最重要的因素是教师与学生之间的沟通质量。因为教育对学生发生效能是通过师生之间的人际关系的有效程度来决定的。教师首先要有能力与学生建立良好的人际关系，并且，教师要有这样的一种意识：学校里所设计的所有工作，都是在这种师生关系中进行的。师生之间关系的好坏是教育成功的

关键。

那么，如何理解师生沟通呢？

一、教师所做的每一件事情都是在与学生沟通

对学生而言，教师的一举一动、一颦一笑、装扮气质、语言和表情，都是在对学生传递一种信息，让学生在下意识层面里时时判断："我是不是该喜欢这个老师？""这个老师怎么看待我？""这个老师喜欢我吗？""这个老师是不是让我觉得很愉快，觉得很舒服？"……

学生非常在意老师对他们的评价，也非常注重他们在每个老师心目中的形象和"让他们喜欢的程度"。因此，师生之间的沟通是师生双方整体信息的沟通，是每时每刻都在不间断地进行的。因此，教师只要一和学生接触，就应该清楚地认识到：师生沟通实际上已经开始，我得马上进入自己的角色，千万不能掉以轻心。

二、教师发出信息的方式影响学生对教师的评价方式

在师生沟通中，沟通信息的构成远比我们使用的词汇要复杂。教师说话的语气和语调，教师与学生眼睛接触的频率，教师的表情姿态，甚至头部的倾斜方向等，所有这些都在帮助学生接受、理解教师所使用的语言的意义。尽管在与学生的交流中教师可能并没有意识到自己传递信息的方式，但是，教师传递信息的方式确实影响着学生对这些信息的理解和评价。真正的沟通是信息被学生准确接受，而不仅是教师本人意图的表现。

在人们通常的沟通中，信息的接受远比我们想象的要复杂得多。在教师与学生的沟通中，人们通常考虑最多的是教师释放的信息"应该"

"必须"让学生接受，或者说，教师通常在与学生沟通时的心态是"你作为我的学生，理所当然要接受这些信息"。但是，事实上，我们教师真正需要的是"学生如何来接受这些信息"。我们真正需要的是双方都满意的结果。教师仅仅拥有良好的意图未必能够带来良好的沟通效应。

所以，作为师生沟通的主动方——教师，不断改进自己发出信息的方式是至关重要的。

三、教师开始传递信息的方式，往往决定了与学生沟通的结果

在人们日常的沟通中，"第一印象"非常重要。我们平时也有这样的体会：我们常常是凭借对方给我们的初次印象来决定对他们的整体评价。学生对与教师的初次见面非常重视。在师生关系中，教师留给学生的第一印象，会影响学生对教师的评价。如果教师漫不经心地与学生进行初次沟通，几句话就会使学生的注意力分散，甚至使他们厌倦，进而拒绝教师所传递的信息。

四、师生沟通应该是双向的

成功的沟通有 2 个关键的因素：①教师传递给学生有说服力的信息；②及时收集学生的反馈信息。

在沟通中，用"双手击掌"的例子来说明。成功的沟通就像是我们的双手在击掌。在一只手上，我们想要陈述我们自己的观点。但是如果人们都这样做，我们就无法交流，无论这些观点是多么清晰、公正、有说服力，我们所得到的只能是高谈阔论或是讽刺。所以，在另一只手上，我们需要倾听别人的观点。这是成功的交流所必需的。

教师与学生的沟通，也应该是师生之间的双向交流，而不仅仅是教

师对学生"提出要求"。"提出要求"是教师只顾自己说，而不注重学生的反应，这不是在与学生交流。

五、教师要从学生的反馈和回应中判断沟通是否成功

教师怎样判断自己与学生的沟通是否成功？只要看学生的回馈与反应就可以了。换句话说，学生是不是按照你所希望的那样去想了，去做了？别人对你的印象如何？你的班级是否团结？你是否能够理解你的学生？这些都是判断师生沟通是否成功的标准。

学生在进入社会前，需要在教育过程中学习如何思维，如何与人交流，学习各种知识，并塑造各种相应的行为。在学生的成长过程中，教师被要求负起一个重大的责任，那就是引导学生在接受教育的过程中，始终保持对教育的渴望和兴趣。为了让学生学得轻松、有效而快乐，教师与学生的有效沟通是至关重要的。

教师只有懂得如何去与学生沟通，懂得如何去满足学生的需要，并引导学生懂得如何来满足教师的需要，师生之间建立相互信任、尊重、彼此接纳、理解的关系，教育活动才能使学生产生兴趣和接受性。反之，在师生关系中，如果学生觉得自己无能、自卑，觉得被同学奚落、嗤笑，觉得自己不被信任、不被理解，无论是平时多么喜欢的课程，学生也不会产生学习的热情，不会对学校产生好感。

教师的教与学生的学是在师生之间的沟通中进行的。沟通是学校实现教育目标、满足教育要求、实现教育理想的重要手段。师生之间如何沟通，沟通的品质如何，决定了教育具有多大程度的有效性。而沟通的品质又决定了师生这种人际关系的品质。

我们发现，学生往往是先喜欢教师，再喜欢教师所提供的教育。他们很注重对教师的整体感觉是"喜欢"还是"不喜欢"，然后再决定对教师的教育是"接受"还是"不接受"。这种现象也符合通常的人际关

系规则：一个人事业上的成功，只有 15% 是由于他的专业技术，另外
的 85% 要靠沟通技巧。当学生喜欢一个教师后，对这个教师所给予的
教育会产生很强的接纳感，会带着良好的情感来正面理解教师的语言，
接受教师的要求。因此，学生是先喜欢教师，再喜欢教师所提供的教
育，接受教师所施加的教育影响。如果教师伤害了学生的自尊和感情，
学生与教师的人际关系必然僵化，那么，教师无论有怎样的良好用心，
学生也难以接受，并从内心深处对教师产生很大的抵触感。

能够与他人建立起长期稳定、良好的人际关系，是评估一个人心理
健康的重要标准，这种关系会随着时间的进行，不断地产生问题，但借
着彼此坦诚的沟通，问题就可以得到解决。作为教师，诚实地思考下列
问题，对你将大有帮助：

在你与学生沟通时，常常遇到什么样的困难？
_____

在你身上，学生最喜欢你的心理特征有：_____
_____

在你身上，学生最不喜欢你的心理特征有：_____
_____

在以上几项心理特征中，你自己认为：_____
_____等几项估计我有可能改变，
_____等几项估计我不可能改变。

你对师生关系怎样理解？
_____

用 3 个以上的形容词描绘你与学生沟通的状况：_____

当教师明白了自己和学生之间存在的沟通障碍后，就需要疏通沟通
障碍并掌握一定的沟通技巧。

引

言

第一章
疏通师生沟通障碍

　　师生沟通是一门艺术，也是一门技术。融洽的师生关系，孕育着巨大的教育潜力，它不仅直接影响到教师教学活动的组织及效果，而且对于学生思想品德的养成、智能的培养以及身心和个性的全面发展更是起到至关重要的作用。然而随着社会的变革和网络技术的发展，师生沟通出现了一些障碍，比如教师的错误观念、错误习惯，学生的思想不成熟等主观原因引起的障碍，或者硬件设施不足等客观原因引起的障碍。近年来推行的素质教育和各种教育改革又不断地对教师的学历、能力提出更高的要求。沉重的职业压力导致相当一部分教师常因个人的状况而难以掌控自己的情绪，在盛怒或烦躁下，制造出破坏性的对话，从而导致师生沟通状况的更趋恶化。但笔者相信，只要各位教师能以与学生平等的心态，采用学生式的语言，调整好自己的情绪，就一定能与学生进行有效的沟通而达到教育的效果。

第一节　师生沟通障碍形成的原因

我们经常看到教师习惯用武断的、命令的口吻，单向地和学生说话，如果学生稍有不从或其表现令教师不满意时，教师就会表现出强烈的反应，弄得师生关系冷漠。其实，沟通是教师和学生双方都要学习的，只有营造有效的师生沟通，才能进而形成和谐的班级氛围，才能使教室充满笑声，学生才会乐于学习及获取更多的宝贵知识。教学的过程本身就是一个教师与学生不断双向沟通与交流的过程。

交流总是双向的，如果说学生害怕与教师交流，同样教师也不愿与学生交流。这种"不愿"是由主客观两方面原因造成的。

一、客观原因

1. 时间不允许

多数教师的工作任务都很重，备课、上课、改作业，班主任工作、学校事务，一个班级 50 多位学生，与一位学生谈一次话，没有半个小时完不成，故教师只能有选择地找几个学生交流。

2. 地点不允许

多数学校办公条件有限，一个办公室少则五六位多则十几位教师一起办公，如果总是找学生谈话，一是影响周围其他教师的工作，二是当着那么多教师的面，学生拘谨得很，哪会把真实的内心世界暴露出来？有人提议教师把学生带到室外，一边散步，一边谈话，从交流效果看，此法最好，但校园空间十分有限，这种太过亲密的谈话方式，被其他学生看见会产生误解，还以为教师待其特别好，有亲疏之分，或者以为该学生犯了什么大错误。除非是涉及早恋等敏感问题，教师一般不会采取这种散步谈话方式。

二、主观原因

教师在与学生谈心中获得的个人乐趣和收益有限。教师与学生谈心更多是出于一种工作的责任，而非自身的交流需要，由于师生间存在的代际距离、心理差距及知识修养、文化层次的水平不同，师生间的交流一开始就处在一种不对等的状态。教师与学生交流中时刻需要提醒自己维持教师的身份，不断尝试对学生有更大影响的谈话内容，这样的交流很难是轻松的、自由的。

师生间是否互相信任直接影响交流质量。要使交流真正得以圆满地实现，必须有一个前提条件，即双方坦诚相待、彼此交心。由于师生身份间的差距，做到这一点其实很难。教师不可能向学生诉说自己的烦恼或喜悦，学生也不会无端地向教师说出自己的心里话。教师要顾及自己的脸面，只能对学生保持矜持姿态，而学生则害怕说出真心话会招致教师的批评。彼此隐瞒、设防的结果，必将影响师生间交流的信任。以日记来说，每周一到几篇的日记，被看作是班主任与学生之间交流沟通的主要途径，但有多少学生愿意把真心话通过日记告诉老师呢？学生还不是将其当作一种作业来完成！要么敷衍几句，要么言不由衷地说几句空话、套话甚至假话。如果是这样的话，教师还有什么话好对学生说的呢？说学习成绩，学生最反感；谈情感问题，学生难以启齿。师生间沟通的心理障碍多半是因为互不信任引起的，这种互不信任又是由双方的年龄特征、身份特点决定的，不是靠几句话就能解决的。教师在预知到无法保证谈心效果的情况下，很难积极主动地找学生交流。

三、人为的原因

如果说主客观原因是情有可原的话，那么以下人为的原因是应该坚决避免的。

（1）言语伤人，冷嘲热讽，且态度冷漠，缺乏温暖。

（2）教师本身错误示范，或人格上有偏差（不信任、多疑、紧张或情绪化）。

（3）权威角色作祟，无法以平等沟通的方式对待学生。

（4）未与学生充分沟通之前，教师便假设学生已经明白，以致产生误会。

（5）只使用一个标准评判学生，例如以功课好坏论英雄。

（6）吝于奖励和赞美。

四、其他原因

1.“地位”差异

“一日为师，终身为父”是教育学生尊重教师用得最多的经典名句，体现了中国尊师重教的传统美德。然而也正是因为这种传统教育，使得相当一部分教师错误地认为教师和学生是上下级关系，师生之间只有命令与服从，不能“平等”对话。这种地位差异给师生带来了沟通障碍。

你也许常常会对学生说：“有问题就来找我，一定要大胆，不要不好意思，老师就是给学生回答问题的！”而事实上，除了个别学生外，大部分学生宁愿问他的同学、朋友，甚至不问，也不愿来问老师。可见，这是一种低效的沟通方式。心理学研究表明，人一般向下（下属）沟通易，向上（上级）沟通难。对学生来说，教师是长辈，是"上级"，沟通时有一定的心理压力。而选择同学、朋友，问或者不问都可以减轻或消除这种压力。因此学生很难主动找教师沟通。教师可能也遇到过这样的情况：主动找学生沟通，学生的第一句是"我没犯错，你找我干吗？"对学生来说，老师找去谈话，是因为自己犯了错，不犯错，老师就不会找。所以，当教师找学生沟通时，学生心理压力较大。此时，慈爱的目光、信任的言谈、鼓励的笑容都可以缓解学生的抵触情绪，减轻或消除这种压力。

2. 学识差异

很多教师都养成了一种在任何情况下都在讲课的习惯，即使是在与学生私下沟通、交流时也总想"显示"自己很有学问，用一些很高深的专业用语，让学生有一种望尘莫及的畏惧感，产生学识差异的沟通障碍。

3. 经验主义

"差生"是不是永远都是差生？不是。"差生"是不是样样都差？也不是。不要总是用老眼光去看待一个学生，犯经验主义错误。作为教师，应该努力去发现每一位学生身上的闪光点，并给予及时的赞扬和鼓励，这样不仅会使差生成为好生，好生也会更加优秀。

4. 情绪影响

教师职业从来就不是轻松的。教师的日常工作量远远超过了 8 小时。而近年来推行的素质教育和各种教育改革又不断地对教师的学历、能力提出更高的要求。沉重的职业压力导致相当一部分教师常因个人的状况，而难以掌控自己的情绪，在盛怒或烦躁下，制造出破坏性的对话，从而导致师生沟通状况更趋恶化。

第二节　师生沟通中常见的心理问题

　　沟通是一种人际交往，涉及很多心理学问题。沟通中的心理问题，不仅指教师的心理问题，因为沟通是双向的，所以还要注意学生在沟通中的心理问题。

一、教师常见的心理问题

1. 唠叨

　　加拿大教育心理学家林格伦等曾在一部教育心理学著作中指出：许多教师都患有一种可以称为"唠叨"的心理疾病，而且越是资深的教师越感觉不到这种病症。"唠叨"病的主要症状是话特别多、啰哩啰唆，并经常不分场合、事无巨细地指责学生，还认为自己一直是在"诲人不倦"。请看如下一例：

　　一日之计在于晨。晨会课上，学生们都精神焕发，准备迎接新一天学习生活的挑战。可是班主任却开始了今天的第一场唠叨：

　　"小刚啊，你的记性可真好！昨天忘记带算盘，今天又没带来！看来以后要找个医生来诊断一下你是否真的患有健忘症！"

　　"看你们叽叽喳喳的，今天好像很开心啊？昨天你们的外语考得怎么样？你们难道都不懂什么叫做羞耻？今天放学统统给我留下来

补课！"

于是，学生原有的好心情被一扫而光，大家都开始感到"今天比较烦，比较烦！"

其实，如果把这些批评改在下午放学时进行，就可能减少许多学生的反感，效果也许会好很多。

"唠叨"病的根源在于教师本身对师生关系的错误定位。由于传统教育赋予了教师与学生的不平等地位，伴随着教学生涯的增长，教师一般会越来越习惯于维持自己的权威地位，越来越不在乎学生的心理感受。因为，不管教师说什么学生都必须听。长此以往，一些教师就形成了这种自己感觉不好的坏习惯。

"唠叨"病的主要危害是让学生对教师产生越来越严重的厌烦感，认为教师真是一个"烦老师"，一有机会就想从教师身边消失，因此，教师即使有再好的沟通愿望也无法实现。

所以，一旦发现自己有"唠叨"病的症状出现，教师首先必须反省自己的师生观是否正确。其次应该经常考虑自己讲话的时间、地点、对象和场合是否适当，检查自己讲话的数量与质量之间的"效率比"。否则，还真可能患上令人讨厌的"唠叨"病，并且逐渐演变成久治不愈的"慢性病"。

2. 强迫癖

强迫癖的表现有 2 种：①将自己喜爱的观念或事物强加于人；②将自己不喜欢的观念或事物强加于人。教师的强迫癖一般属于前一种。一些教师常常认为自己的意见是最好的意见，把自己的喜好强加给学生，把学生视为灌输自己一切价值观的最好对象。

例如，一个高二的学生虽然文理俱佳，但他很喜欢文科，打算在高三时转入文科班读书。这时，酷爱理科的班主任每天都对这个学生进行"策反"，翻来覆去地向这个学生灌输自己的想法："过去说掌握数理化，走遍天下都不怕。现在看来还是对的嘛。你看，出国的人也是搞理科吃香。所以,我坚决反对你学文科!有句古语说得好:'不听老人言,吃亏在眼前',以后你一定会懂得我是真正的为你好。所以,不管怎样,现在我得全力阻止你的想法。"也许,一个未来的文科人才就此被扼杀在摇篮中。

又例如,一位教师从小就学习弹钢琴,非常醉心于古典音乐。所以,他希望他的学生们也能跟自己一样。可是,现在大多数学生喜欢流行音乐。于是,这位老师就经常对学生说古典音乐如何优美,流行音乐如何庸俗。如果在学生的书包里发现了流行音乐的磁带、CD 等,他还会奚落或训斥学生一番。甚至在家长会上,他还要求家长们在家里尽量禁止学生听流行音乐。这位教师的做法使学生非常反感,有一次他的一番话还差点引起绝大多数学生的"公愤":他在大大赞扬了世界三大男高音后,还顺带讽刺了几个流行歌手,而这几个流行歌手恰恰是这些少男少女心中的偶像。

与有强迫癖的教师交往和沟通,学生不但不会有愉悦的感觉,而且还会有被剥夺了自由和自主权的感觉。所以,学生碰到这样的教师,只会产生"躲着走"的念头。造成强迫癖的主要原因是以己度人,甚至还有些自恋和自大的性格。所以,教师应该经常对自己的自我意识做一些反省。强迫癖的克服,主要是要真正懂得了解与尊重他人的情感和需要。"己所不欲,勿施于人",教师经常进行"换位式"思考是一种较为有效的方法。

当然,不断接受各种新思想、新理念,不断完善和塑造自己的良好性格才是克服这种心理障碍的根本途径。

3. 角色固着

角色是一个社会学的名词。它是指一个人根据社会的舆论规范和约定俗成的习惯所表现出的思维倾向、行为方式等。人们在社会生活中扮演着许多不断变化的角色。如果一个人不顾环境、场合等因素固守一种角色,就是角色固着。角色固着会给人际沟通造成较为严重的障碍。对

于师生沟通来说，情况也是如此。

一些研究指出，对学生来说，教师的角色是多种多样的。例如，有人罗列了教师的10种不同角色：①社会的表征；②行为的示范者；③知识的来源和学习助手；④学生行为的裁判和调解员；⑤团体领袖；⑥自信的支持者；⑦代理家长；⑧不良行为的侦探；⑨保姆；⑩泄愤的目标或替罪羊。

当教师扮演的角色十分适宜时，师生沟通就会比较顺利。如果教师固着于某种角色而不善转换，师生沟通的效果就会受到影响。

例如，在迎接新世纪的班会上，学生们唱的唱，跳的跳，都兴奋异常。这时，学生们的胆子比平常大了很多。他们把一贯不苟言笑的校长也硬拉上了台。这位校长接过话筒，勉勉强强唱了一首歌后，又恢复了平时的角色，用四平八稳的声调开始作起了报告："同学们，今天大家都很高兴，我也很高兴。可是，我们千万不要忘记今年我们面临的严峻形势。对我校在区里'争三保四'的艰巨任务，大家一定要在思想上引起重视。不能掉以轻心。大家要努力学习，注意养成良好的学习习惯。要……"于是，每个人的行为都开始拘谨起来，情绪也逐步降温，整个会场再也不能恢复到原来的欢乐气氛中去了。学生们都在心里说："这个校长可真不识时务，让人扫兴。"

要克服角色固着的心理障碍，教师就要学会调节角色行为，即根据身份、场景的变化而改变自己的举止。调节角色行为在一般情况下是不难做到的，因为人人大脑里都有一套警戒调节系统，它会根据情况随时调节人的行为。但如果在非常熟悉的人面前，这套警戒调节系统就会"渎职"，甚至连对方在对你有所暗示时还不能察觉。教师们在他们的学生面前就经常会犯这类错误。因此，教师要克服角色固着的心理障碍，关键是要在司空见惯的场景中保持清醒的自我意识，经常告诫自己要"审时度势"，把自己塑造成一个成功的沟通好手。

二、学生常见的心理问题

1. 自卑

自卑的主要表现是缺乏自信。自卑的人在人际交往和沟通中表现为想象成功的体验少，想象失败的体验多。这种心理状态在与权威、长者、名人交往时表现得尤为突出。

造成学生自卑心理的原因大体上有以下 3 种。

（1）对自己的期望过低或过高。对自己的期望过低的人把自己的交往和沟通圈子局限于一个狭小的范围内，以与身边人的自然交往为满足。他们从来不想去主动开辟新的交往和沟通渠道，建立新的人际关系。对自己期望过高的人在与人交往和沟通时总是害怕失败，担心遭到别人的耻笑和拒绝。

（2）大人的期待和评价。如果孩子从小开展各种重要活动都由大人包办代替，不让他承担独立的人际交往和沟通任务，那么，他就会安于现状，依赖他人，没有主动性。这样的孩子上学以后，教师、同学也一直会认为他缺乏交往能力而不给他锻炼机会。长此以往，孩子本身也乐意接受这种评价，潜移默化地养成了自卑心理。

（3）人际交往和沟通中的消极体验。有些学生本来并不自卑，但由于种种原因，他们在人际交往和沟通中经历了许多失败，并把这些失败消极地归因为自己的无能，从此变得自卑起来。

对于有自卑心理的学生，教师可以从以下几个方面加以引导。

（1）教会学生全面客观地分析自己。"人贵有自知之明"，这句名言对有自卑心理的人来说非常重要。但他们对这句话的理解和一般人正好相反——挖掘自己身上的闪光点才是关键所在。教师是除了父母之外最了解学生的人。因此，他们一旦发现了孩子身上的优点，就应该及时

认同并加以公开表扬，让这些孩子逐步地增长自信心。然后，要教他们学会扬长避短，不断发掘和发挥自己的才能和潜力。

（2）调节好学生的认知方式。首先，要让学生学会正确地归因。不要把一切挫折和失败都归结到自己的能力等因素上，而是要客观地分析各种实际情况，把主要精力放在提高解决各种实际问题的能力上去。其次，要让学生认识到世界上任何事物都具有两面性，懂得如何辩证地对待并且转化自己的一些弱点。

（3）塑造学生良好的性格。教师要有意识地让这类学生担任某些工作或职务，通过实际锻炼将他们身上胆小、敏感、优柔寡断、应变能力差等消极性格特征逐渐转化为独立性强、开朗、善于社交等积极特征，以增强他们的心理优势，逐步地真正战胜自卑。当然，要让学生真正地战胜自卑是一项长期细致的"心理工程"。其中最关键的因素还是教师对学生发自内心的挚爱。因为只有当学生感受到人们对他的真正关爱时，才能在心中树立起对自己的信心。

2. 羞怯

羞怯是学生常见的沟通障碍。这里的羞怯是指人在沟通过程中过多地约束自己的言行，以致无法充分地表达自己的思想感情，阻碍了人际关系的正常发展的行为。

学生的羞怯一般有 3 种类型。

（1）气质羞怯型。这种学生生来就属内向气质。他们的脾气比较沉静，说话低声细语，见到生人就脸红，甚至常怀有一点胆怯的心理。他们举手投足、寻路问话也思前想后、顾虑重重。属于这种气质的学生为数较少。

（2）认识性羞怯。造成这种羞怯的原因是过分注重"自我"。他们的患得患失心太重，生怕自己的言行被人耻笑。他们说话做事都要有绝对的把握才进行，不敢冒一点风险，因而老是受环境和别人言行的支配，缺乏主动性。久而久之，便羞于和人接触，更羞于在公开场合讲话。

（3）挫折性羞怯。这种类型的学生以前并不羞怯，也许性格还较开朗，与人交往时也是积极主动的。但由于种种客观原因，他们经历了一连串的挫折。从此，他们开始变得胆怯怕生，消极被动，好像换了一个人一样。

造成学生羞怯心理障碍的原因大多数属于后两种。根据统计，1/4的羞怯的成人在儿时并不羞怯，也有相当数量的羞怯儿童长大以后不羞怯了。学生羞怯的形成主要是在后天。它是在家庭、学校和工作环境中逐步形成的，是可以克服的。克服学生的羞怯可以从以下几方面着手。

（1）调节学生的认知方式。关键是让他们形成这样一种认识：人不可能事事正确。在人际交往和沟通中，即使说得不对，还可以加以改正。事情做得不成功，也可作为前车之鉴。人的聪明才智就是在实践中增长起来的。

（2）多给他们锻炼的机会。教师可以从易到难地给这些学生布置一些人际交往的任务，让他们鼓起勇气，逐步学会主动与教师及其他人沟通。只要他们能够迈出第一步，以后的成长就会顺利很多。

（3）教给他们一些人际沟通的方法和技巧。教师要指导这类学生多观察生活、观察别人待人接物的方式方法，并根据每个学生的个性特点加以具体的辅导。

第一章 疏通师生沟通障碍

第三节　师生沟通中常见的语言问题

有效的沟通是不断跨越障碍的过程。师生沟通的障碍来自哪里？来自于沟通的一方或双方的错误的沟通立场，而这种错误的沟通立场又通过错误的沟通语言表现出来。

许多研究发现，教师的一些驾轻就熟、脱口而出的语言，成为"杀手"式的语言信息，阻碍了师生沟通的效果，导致师生之间的误会和冲突。所以，提高师生沟通的效果，首先应从分析教师错误的沟通语言着手。

言为心声，教师的语言就是教师人格美的外部表现。语言本身具有一种工具性，好的语言与坏的语言所达成的教育效果，确实有天壤之别。人们往往把好的听讲比作"如沐春风"，足见好的语言形式有着强大的教育教学优势。所以，教师对语言的使用须慎重。

教师切忌"左"的语言倾向。课堂上，由于牢骚太盛，有的教师为了自我标榜，往往喜欢在课前来一段开场白，谈一些"众人皆醉我独醒"的话，诸如社会黑暗、教师地位低等。殊不知，这些极"左"的话，在心明眼亮的学生面前，暴露了为师者心胸的狭窄，格调的低下，严重地损坏了教师的人格美。

生活上，教师不能有见利忘义的言辞，不能有骄人傲物的夸张，凡此种种，都不利于教师人格美的建立。常有推销员到办公室推销资料，推销员大多风尘仆仆，一副可怜兮兮的模样。也常听到有些教师问"有回扣吗"，大声呵斥"滚出去"、"别打扰我们"。这些话，若给学生听到了，教师还有什么神圣可言，这是为师者在自毁形象。有的教师在学生中缺少威信，往往是始于语言的孟浪。

我国师生沟通中教师常见的语言问题大概有4类：

一、发号施令型

发号施令型的语言总是告诉学生：作为一个学生，他"应该"怎么做、"必须"怎么做、"最好"怎么做、"可以"怎么做。发号施令型的教师认为，通过这样的语言可以向学生传递解决问题的办法，期望学生最好能无条件地接受。它也是许多教师最喜欢使用的一种语言。

发号施令型语言可以分为4种，根据教师使用的频率排列如下：

1. 命令

例如，"坐下！不许动，现在轮不到你说话，等到你得到了原谅再说。""不许再哭，这里不是你家！""你给我离开教室！"

这种语言使人感到：学生的感受、需求或问题并不重要，他们必须顺从教师的感受与需要，并有可能产生对教师权威的恐惧感。这是教师单方面发出的语言信息，学生的情感或需求没有得到尊重，因此，学生有可能对教师产生怨恨、恼怒和敌对的情绪，比如顶撞、抗拒、发脾气等。

2. 威胁

例如，"如果你们这次不交齐作业，我就要罚你们再抄10遍书！""如果你再不改，我就打电话给你的家长，叫你的家长来见我！"

这种语言首先是命令，然后是告诉学生不服从的后果是什么。这种语言可能使学生感到恐惧和屈从，也可能引起学生的敌意。学生有时还可能对此作出与教师期待相反的反应："好啊，不管你说什么，我都不

在乎，看你把我怎么样！"更有甚者，做一做刚才被警告过的事，好看看教师是否真的言出必行。即使教师真的采取了叫来家长等措施，学生的态度一般也不会有所改变。他们只会更加反感，起码也会保持消极状态的沉默，与教师、家长不做任何交流。

3. 强加于人

例如，"昨天晚上你有没有照我的话去做功课？你知道如何来安排时间吗？让我来告诉你……""今天找你来，是要与你讨论你这次考试失误的事情。经过我对你的试卷分析，我发现你存在的问题是粗心。你说是吗？记住：下次考试要细心！""好，我的话讲完了，你可以回去了！千万要记住我的话，别再粗心！"

其实，学生考试失误未必是因为粗心，也许还有更多的原因。教师找这个学生来谈话，目的是为了帮助他找到这次考试失误的原因，提高学习的成绩，但因为没互动和交流，导致他们之间的谈话毫无效果，并让学生感到老师并不想、也确实不了解自己。

"强加于人"实际上也是微妙地下命令，但是它可以更巧妙地隐藏在貌似很有礼貌的、富于逻辑的陈述中，但讲话的这一方只有一种心态：你是我的学生，所以必须按照我的观点来做。因为不给对方发表自己意见的机会，因而这类谈话进行得很快，学生也根本没有时间表达自己的想法，从而会感到自己的权利被剥夺。长此以往，学生还会产生一种"老师总是认为我不行，有着改也改不完的许多缺点"等的压抑感。

4. 过度忠告

例如，"如果我是你，肯定不会像你这么做。""考试的时候一定要先做容易的题目，再做难的题目。"

这样的语言信息是在向学生证明：教师不信赖学生自身解决问题的能力。其后果往往会使学生对教师产生依赖心理，削弱他们独立判断的能力和创造力。过度忠告也意味着教师的一种自我优越感，容易引起追求独立的学生的反感。有时这种语言信息还会使学生感到被误解，甚至这样想："如果你真正了解我，就不会给我出这种又馊又笨的主意。"

发号施令型语言是教师平时使用得最多的一种语言。许多教师认为它是见效最快的语言。它的优点是教师可以快速解决学生存在的一些问题。它的缺点是使用过度就会失效。因为：

（1）容易造成学生反感。这种语言的后面常常隐藏着这样的意思："你太笨了""你太差劲了""你要听我的""我是权威"等。这让学生听后很反感，随之出现逆反心理或顶撞情绪。有经验的教师会发现，当一个学生接受这样的语言时间较长后，会变得烦躁、自卑，或以后对类似的语言漠然，以至于有许多教师和家长总是抱怨："为什么孩子越教育却越不听话？"

（2）容易使学生顺从，却不容易产生积极的行为。

（3）它所表达的信息仅涉及学生而不涉及教师本身。由于学生不知道他的行为对教师有什么影响，只知道老师要求他对某些行为进行改变，在这种单方面的沟通渠道中，学生也会单方面地对教师作不正确的推测，比如：这位教师偏心，心胸狭隘，脾气坏，专门拿我们出气，对我们要求太高等。学生有了这样的负面心态，就难以接受教师原本良好的用意了。

二、傲慢无礼型

傲慢无礼型语言可以分为以下 3 种：

1. 训诫

例如，"你是个初中生了，应该知道什么是对的！否则你得到小学去回炉了！""你应该很清楚写字必须用什么样的姿势。"

这种语言表达了一种预先设定好的立场，使学生感受到与教师之间

地位的不平等，感受到教师在运用教师权威，导致学生容易对教师产生防卫心理。

当教师运用这种语言模式的时候，常会使用这些短语："你应该……""如果你听从我的劝告，你就会……""你必须……"等。

这类语言在向学生表达：老师不信任你们的判断能力，你们最好接受别人认为正确的判断。对于年级越高的学生，"应该和必须"式的语言越容易引起抗拒心理，并导致他们更强烈地维护自己的立场。

2. 标记

例如，"我发现班上一有麻烦，总有你的份！""我早就知道你不行！因为你太懒惰。"

这种语言一下子就把学生打入了"另类"，最容易令学生产生自卑感或"破罐子破摔"式的消极心态。面对教师这样的标记式语言，学生会感到自尊心受到了损害。为了维护自己的形象，他们以后就会在教师面前尽量掩饰自己的想法和情感，不愿将内心世界向教师敞开。一些调查表明，学校中最得不到学生尊重的教师，是经常给学生打标记的教师。所以，教师对此必须特别注意。

3. 揭露

例如，"你这样对抗老师无非是为了出风头！""你心里想什么我还不知道，在我面前你别想玩什么花招！""说几句认错的话就想蒙混过关？其实是害怕我给你爸爸打电话吧？可我今天偏要给你爸爸打电话！"

其实，教师让学生知道"我知道为什么""我能看穿你"并不是件好事。因为如果教师分析正确，学生会由于被揭穿而感到窘迫或气恼。而如果教师分析不正确，学生也会由于受到诬赖而感到愤怒。他们常常认为教师是在自作聪明，自以为能像上帝一样居高临下地洞察所有学生的内心。

傲慢无礼型语言在不同程度上都有明显贬损学生的意味。它们会打击学生的自尊心，贬低学生的人格，并明确地表达下列意思："你是问题学生""你不好""我不喜欢你，甚至讨厌你""我对你没有信心"等。

学生如果经常听到这类语言，就有可能形成"我是一个差劲的人"等自卑心理，长此以往会对学生的身心发展造成较大的伤害。由于这种语言常常使学生的自尊心受到伤害，他们也可能随之出现反攻击的心态。这时，师生之间可能出现大的冲突。更重要的是，傲慢无礼型语言给教师的形象蒙上了粗鲁、教养差等阴影，给学生造成负面影响，对他们的成长很不利。

三、讽刺挖苦型

讽刺挖苦型语言可以分为以下 2 种：

1. 暗示

例如，"你讲话的水平真高啊，也许以后会有人请你当我们学校的校长。""临近高考你还在玩，真是胸有成竹啊，看来你一定会考上名牌大学。""《西游记》刚刚演完，我们可以开始上课了。"

这类语言虽然相对说来比较温和，但效果往往很差，原因如下：

（1）由于学生年龄较小、注意力不够集中或认为不关自己的事等，大多数学生并不能够透彻地理解这些暗示，所以有时教师会感到自己是在"对牛弹琴"。

（2）哪怕有些学生明白了教师话语的部分含义，也会觉得教师说话如此拐弯抹角而有失坦诚，觉得教师"太做作了"，从而失去了对教师的信任。

（3）即使学生听出了教师的"话中之话"，也只会对教师的说话动

第一章 疏通师生沟通障碍

机和人品作出鄙夷的评价。

2. 中伤

例如，"你的字写得太好了，龙飞凤舞啊。我的水平太差，实在看不懂！看来要请你的爸爸来教我看。""你以为你是爱因斯坦吗？不要自以为懂得很多了！""怎么这么热闹，看来全班同学都缺钙啊！"

这类话语一出口，就流露出对学生的明显鄙视，还带有一些人格侮辱的成分在内。

对这类中伤性的语言，学生会非常反感。他们即使当面不敢说，心里却会反击："你有什么资格来消遣我。看你说话的样子，哪像个老师！"

教师在使用讽刺挖苦型语言的时候，是希望学生听懂这些话中的弦外之音。他们认为这是一种较为温和、较为"高雅"的表达方式。这类语言的潜台词是："如果我们把话挑明你们就会不喜欢我""跟你们坦白太危险了""我是有水平的教师，不会像你们这群傻瓜那样直筒子式地说话"。不要以为仅仅是发号施令型和傲慢无礼型语言才有许多不良的后果，讽刺挖苦型语言对学生的伤害也非常大，因为这类语言的深处隐藏着的是对学生的厌恶和轻视。

四、隔靴搔痒型

隔靴瘙痒型语言主要有以下 2 种：

1. 空口"安慰"

例如，"不要难过！太阳每天都是新的，明天你就会好起来。""不要着急，你还年轻，人生之路长着呢。""回去休息休息，一切都会好起来。"

在这些并不能解决实际问题的、没有意义的安慰中，隐含着一丝"哀其不幸"式的怜悯感。因此，学生会感到双方并没有站在平等的地位对话，而自尊心越强的学生越不喜欢教师这样的讲话方式。

2. 泛泛之辞

例如，"总的看来，你是一个好孩子。""我也不知道对你说什么好，你自己好自为之吧。""你需要发扬优点，改正缺点。"

这种泛泛而论的评价过于简单，对于学生的成长根本无益，而学生也会怀疑教师是否真正关心自己。当教师安慰一个痛苦中的学生或学生急切地要求教师对自己有所帮助时，隔靴搔痒式的语言会让学生非常失望，进而他们就会对教师产生无能、自私、冷漠等不良印象。如果学生经常听到教师说此类话，还会怀疑教师是否一直在敷衍自己，对自己毫无爱心。长此以往，师生关系就不会融洽，隔阂将会日益加深。

许多成人在回忆往事时，经常会提及学生时代若干印象最深刻的事情。他们也许会说，当时是老师一次意味隽永的激励使自己受益一生；还也许会说，当时是老师的一句话深深地伤害了自己，成了自己"永远伤心的理由"。教师不能轻视自己的一言一行，不能在无意中成为被通缉的"杀手"，因为你面对的是一个个活生生的、年轻美丽的生命。

第一章　疏通师生沟通障碍

第二章
优秀教师的沟通技巧之策略

　　优秀教师巧用沟通策略，往往能达到事半功倍的效果。其中比较重要的策略包括情理并用、因势利导、以柔克刚、换位思考、以身作则等。这些策略共有的基础就是学会尊重和宽容学生，真诚地面对学生，站在学生的立场思考问题。

　　前苏联著名教育家苏霍姆林斯基说过："自尊心是一种非常脆弱的东西，对待它要极为小心，要小心得像对待玫瑰花上颤动欲坠的露珠。"因此教育孩子首先要做到尊重孩子。教师要学会宽容，善于用爱心包容孩子的失误。教育学生不是演戏，贵在真诚。真诚是内心的自然流露，如果教师戴着一副面具与孩子交流，孩子感到老师和他们之间有一道无形的墙，很难达到心灵的沟通。教师面对孩子时要避免一上来就评价或讲道理的习惯，要用自己的心去靠近，去触摸孩子的心，设身处地地去感受他们的世界。我们要学会共情，只有真正融进孩子的生活世界，才能知道他们的所思、所看、所说，才能真正和他们心灵相融。

第一节　情理并用

在实际沟通过程中，情理并用体现为既要让学生感受到教师的关爱，又要让学生接受教师的教育。

无论我们多么努力地与学生进行交流，如果他们不能从我们的行为中体会到关爱、亲密和信任，那么这样的关系将不会得到健康的发展。为了能与学生建立充满关爱的师生关系，我们需要学会表达关爱。关爱实际上是相互联系中的一种行为方式。尽管它并不是一个循序渐进的过程，但要让学生理解我们的关爱，我们确实需要一种特定的行为方式。我们应当如何处理这种关系，以便使学生感受到教师的关爱呢？这些学生为什么会相信教师真的很在乎他们呢？

一、理——权威型教育模式

如今，人们已经认识到学生应该受到关爱，但是这种思想的泛滥逐渐使关爱成为一种溺爱，从而使教育失去了其本来的职责，使学生失去了自强能力，不懂得自制自律。因此，教育仍然需要一定的权威性和强制性，用理性的方式培养出有理性的学生。

根据相关研究，权威的教育模式可以传递关爱，培养学生的自立、自控能力，以及乐于探索的精神和满足感。在权威教育模式中，教师建立起他们的权威，但并不要求学生一味地服从。权威型教育模式包括以

下行为和观点：

（1）教师努力向学生解释自己的要求和决定，对他们讲道理，并以此方式教导他们；

（2）教师愿意倾听学生的想法，尽管他们并不总是赞同；

（3）教师为学生设定较高的行为准则，并鼓励他们成为独立而有主见的人；

（4）教师对学生的要求以适合学生的发展为前提；

（5）教师肯定学生正确的言行举止，他们将学生的个人价值与其行为区分开来；

（6）教师严格要求学生，借此机会教导学生，这样，学生就会将所学的东西内化，并成为独立的人。

权威型教育模式向学生传递教师关爱的关键原则在于，我们始终尊重学生并维护他们的尊严。维护学生的尊严意味着重视他们的观点和能力，认为他们值得尊重。尊重学生则意味着尊重他们最基本的表达权，并相信他们能够成功地把握自己的人生。要尊重学生，就需要我们倾听，并细心、真诚地对待他们的意见。

二、情——尊重学生

尊重学生是向学生传达感情的有效方式，尊重学生就意味着以学生的需要为出发点，真正关爱学生，促进学生的成长。

当我们相信学生也有权利时，我们就会以一种尊重他人、合乎道德的方式运用权力。尊重学生是教师在师生关系中传递关爱的一种方式。

要注意，在维持纪律时也要尊重学生。我们经常将维持纪律看成是教师职责中吃力不讨好的一项工作。充满关爱的教师则能够适当地处理纪律问题——他们将纪律看成是尊重学生，向其提供道德教育和促进学生成长的机会，而不是负担。他们也会为学生提供一个机会，让他们在犯了错误之后自己承担后果，教师则不给予评价。运用这种方式维持纪律，促进了一个安全学习氛围的形成，也为教师尊重学生创造了有利的条件。

尊重学生，维护他们的尊严，是向学生传递关爱的关键。尊重学生，我们就能够时时刻刻向他们传递关爱——无论是教育他们、批改他们的作业，还是给他们上课、与他们玩耍。尊重学生，维护他们的尊严，可以促使他们理解、接受和相信教师的关爱与牵挂，并为他们创造一个有助于促进其学习的安全的学习氛围。

沟通的目的在于和谐、引起共鸣以及赢得赞同。教师在与学生的沟通中，也要以情为重。也就是说，你所说的每一句话，你所做的每一件事，都要顾及到学生的感情，尽量不要表现得冷冰冰的。"动之以情"是启迪学生心灵的金钥匙，只有"动之以情"，才能达到"晓之以理"，师生之间才能互相理解，才能建立起平等互敬的关系，使学生在潜移默化中，提高思想道德和文化水平，纠正不良的做人习惯。但这并不是说，教师在与学生沟通时，只"动之以情"就足够了，"晓之以理"同样不可少。因为，只有在"动之以情"的基础上紧接着对学生"晓之以理"，才能使学生的认识由感性阶段上升到理性范畴，使学生激起自身感情的火花，从心理上认同，这样才能真正达到教育的目的。

"动之以情，晓之以理"，二者是相辅相成、缺一不可的。"动之以情"是手段，是方法；"晓之以理"是根本，是目的。用爱心去对待每一个学生，尊重每一个学生的差异性、创造性。

随着新课标的运行，教师的角色要由传统意义上知识的传授者和学生的管理者转变为学生发展的促进者、帮助者，要让学生真正成为学习的主人，成为个体发展的主人。而这所有的一切必须以"爱"为前提。教师要在学生中树立威信，但这种威信不是靠外在的管制与压迫，而是源于教师的人格、学识和智慧，从而受到学生的尊敬与向往。

教师在教育学生时，如果不是从诚心诚意帮助学生的态度出发，那么理讲得再多、再好也无济于事。相反，纵然是爱生心切，可讲道理时总是轻描淡写，或讲的道理牛头不对马嘴，也是达不到什么好效果的。

第二章 优秀教师的沟通技巧之策略

三、教师在采用情理并用时的注意事项

1. 与学生沟通时，要对学生一视同仁，动之以情

教师在与学生沟通时，尤其是那些所谓的差生沟通时，情更是必不可少的。这个情，就是教师深沉热爱学生之情。

唐代诗人白居易云："动人心者莫先乎情"，说的就是这个道理，唯有炽热的感情、真挚的语言，才能使倾听者感到可亲、可信，从而产生极大的认同感。

一旦学生觉得老师就是他的知心朋友，那么，他们就会敞开心扉，把内心的秘密向你倾诉。在这种情况下，老师的劝告和要求乃至批评，都会容易被他接受，紧锁着的心房大门就会被"爱"这把钥匙轻易打开。

相反，如果教师对学生感情淡漠，甚至讨厌、呵斥、挖苦，学生就会产生逆反心理，或敬而远之，或心生愤恨，这样很难有效地转变学生的思想。因此，教师在与学生谈话时，切忌表露出不耐烦的神情。老师皱一皱眉头，学生有时都会敏锐地产生一种被轻视的感觉，从而引起对立情绪。因此，教师在谈话时要多一点"人情味"，这样就容易很快使学生产生亲近感，从而为良好的沟通打下坚实的基础。

2. 动情的同时，别忘了讲"理"

有时教师在做学生思想工作时，以为只要付出足够的爱心，学生就一定能明白自己的良苦用心，然而，事实上偏偏有些学生不吃这一套，你对他动情，他不当回事，甚至认为老师"软"，根本不能把自己怎么样。因此，教师不可一味地动情，该讲"理"的时候一定要讲"理"。

说服学生，做学生的思想工作，有时要动之以情，有时要晓之以理，但情与理不能割裂开来，只有情理交融，教师与学生的沟通方式才能奏效。

第二节　因势利导

因势利导，指根据事情的态势加以引导从而取得预期的成果。对于教师而言，因势利导可以说是和学生沟通的好策略。如果我们能将因势利导的方法巧妙地运用到师生交往中，就可以使沟通工作得心应手。

下面的案例可以说明如何在与学生沟通中运用因势利导。

在一个素质教育开放日，青岛市育新学校为了展示学校、学生的风貌，规定全体师生必须穿校服，并且三令五申。然而事与愿违，五年级二班的班主任李蓉老师却发现班上竟然有 2/3 的学生没有穿校服。李老师意识到，这些问题的出现，虽然只是一些小事，如果不及时调整，就会使学生习以为常，以后他们会继续对班级利益、荣誉视而不见，从而影响到他们最基本的素质的养成。

于是，针对上述问题，李老师首先给学生提出了 2 个问题：①如果你是老师，对于自己再三强调的问题，而学生根本就不重视，你会怎么想？②集会时，当你看到一个班级的同学，服装如此的不统一，你会怎么想？学生思考后的回答是：①如果他们是老师的话会很生气；②如果看到别的班的同学服装不整齐，他们会觉得这个班的学生没有集体荣誉感。这说明学生已经注意到了一些问题，但还没有上升到班级集体荣誉和自己的社会公德意识上来。

接下来，李老师通过 5 个方面给学生说明了穿校服的意义：①校服是一个学校的象征，校服穿在身上应该感到自豪；②整洁统一的校服可以体现学校、班级的精神面貌；③外出时，一旦掉队，可以通过校服找

到自己学校的队伍；④穿校服便于学校进行统一的管理；⑤可以消除同学间的贫富差距。

从此，学生们开始主动地按照要求穿校服，而且对各项班级活动都能积极参与。李蓉老师及时抓住机会，把出现的问题和素质教育紧密结合，对学生进行了必要的引导，使学生们树立起了较强的集体主义意识，取得了良好的沟通效果。

因此，作为人类灵魂的工程师，只要我们掌握了因势利导这个策略，就可以峰回路转、柳暗花明、别开生面，从而实现有效沟通的真正目的。

不可否认，由于认识和思维的发展、情绪和个性的变化，学生常常因自己的需要和愿望得到满足而欢欣鼓舞，也会因一时得不到满足或遇到挫折而悲观失望。对此，有的教师只是埋头教案，而对于学生情绪的波动充耳不闻，视而不见；有的老师是冷言冷语，放下教本，上起训诫课来。而能够及时抓住教育的契机，因势利导或者借题发挥，自然地把学生引入到一个全新的认识境界，因此取得较好的沟通效应，非常有利于问题的解决。可见，因势利导具有很大的力量，它犹如春天的风，能够温柔地吹开学生骄傲的、冷漠的、紧闭的心扉。作为老师，如果我们都能将这种技巧巧妙地运用到教育沟通中，就能使学生的问题迎刃而解，同时对于建立和谐的师生关系，改善学生的情绪，缓解他们的压力，都有很大的帮助。要做到因势利导，要求教师做好以下几个方面的工作：

一、善于审时度势

审时度势是教师具有沟通机智的突出表现，也是成功运用因势利导这一沟通技巧的必要前提。也许有的老师会问："势"在什么地方？"势"随时都会在你身边的学生中出现。比如，当学生拿着刚从别的学生桌上取来的铅笔交给你，说是捡来交的，如果你把这里的"势"把握好了，培养学生拾金不昧的导向就有了，但处理不当，就会养成投机取巧的不良因素。

作为老师，我们要审时度势，发现和捕捉偶发事件中的积极因素和转化因素，化不利为有利，使学生迅速迈入最为有利的道德轨道。

二、从学生的优势强项着手

英国教育家洛克曾经说过："每个人的心灵就如同他们的脸一样各不相同。正是他们无时无刻不表现自己的个性，才显示出难以想象的创造力和个性魅力。"

老师在运用因势利导这一沟通技巧时，如果能根据学生的个性特长，扬长避短，从学生的优势强项着手，往往能起到事半功倍的沟通效果。例如：让口头表达见长的学生参加朗诵小组，让动作技能超凡的学生加入手工制作、体育运动小组，让抽象思维较强的学生参加电脑兴趣小组等。

卢梅老师曾经教过一个名叫叶红的女生，叶红入学时是个"超员生"，特别是数学成绩较差，测试不及格是家常便饭。但卢梅老师发现叶红口头表达能力和表演能力特别强，于是就着手从她的这些特长方面去培养她，极力寻找机会让她锻炼。经过一年多的培养，在镇中小学生文艺汇演及学校艺术节上，叶红担任节目主持人，受到领导和观众的一致好评。她参加各种级别的朗诵比赛以及演讲比赛，也多次获奖。在平时的接触中，卢梅老师还了解到叶红十分向往中国传媒大学。对叶红的这个良好倾向，卢梅老师大加赞赏，并不失时机地向她讲明：高等学府需要的是具备全面素质的人才，鼓励她要克服学习上的偏科思想，引导她走向全面发展的道路。经过卢梅老师不断的引导与鼓励，叶红在期末时被评为"三好学生"。

卢梅老师对学生顺其所思，与其所需；同其所感，引其所动；投其所好，扬其所长；助其所为，促其所成，取得了良好的沟通效应。

三、为学生树立目标导向

现代教育观告诉我们：在对学生因势利导时，老师只有把引发学生的心理共鸣上升为思想认同的高度，才能将思想导向预定的目标，也才能达到有效沟通的预期目的。反之，那种单纯的说教与灌输则容易造成学生的表里不一，口服心不服，以及师生之间的对立。这就要求我们的老师应从正面引导学生，使学生学有榜样，赶有目标，就能使他们在人生的迷途中幡然醒悟，从而实现教育沟通的完美对接。

有一个班的学生习惯乱丢纸屑，屡次教育都无效。有一次，班主任董明远走进教室，见地上有几团纸屑。当时还有3位学生未进教室，董老师突然想到这是进行教育的好时机。于是，他指着地对大家说："这儿有几团纸屑，进来的同学却没有捡起来，现在，还有3位同学未进来，我们要看看他们会不会发现。"经老师一说，全班同学都瞪大眼睛等着瞧。第一位学生看也不看就冲进了教室；第二位看了一下地面却无动于衷，上座位去了；第三位一看地上有纸屑，就弯腰捡了起来。全班同学报以一阵热烈的掌声，董老师脸上也掠过一丝微笑。上课时，董老师首先表扬了这位捡纸屑的学生。从此，学生们改变了乱丢纸屑的不良习惯，教室里呈现出干净、整洁的良好局面。

这个例子中，董老师充分利用目标导向的作用，从正面引导和激发学生认识并改正乱丢纸屑的坏习惯，树立了班级的良好风气。

总之，老师只有以科学有效的方法把握学生的心理，通过恰当的时机、途径和场合，因势利导地促进各种类型的学生健康成长，才能真正做到与学生进行心与心的有效沟通。

第三节　以柔克刚

　　不可否认，在师生沟通过程中，也难免会有一些性情暴躁、逆反心理强的学生，他们对老师的谆谆教导往往是"软硬不吃"，甚至反其道而行之，口服心不服。对此，教师如果只用简单的说教和无休止的训斥，只能治标，无法治本，有时甚至会引起学生的"顶牛"，造成师生关系的恶化。而如果我们能够巧妙地运用"以柔克刚"的方法去做学生的思想工作，用一颗真诚的心去融化他内心的冰雪，给他一片温暖的阳光，那么就往往能达到好的沟通效果。

一、以柔克刚第一步——阳光

　　要散布阳光到别人心里，先得自己心里有阳光。什么样的教师是阳光教师？那些充满青春活力、充满朝气、拥有创新精神、敢拼敢闯、拥有属于自己的教育方式和教育思想的教师就是阳光教师。做阳光教师，就是要有自己的教育思想，敢于创新和开拓进取。现代教师应该是学生学习和成长的促进者，即教师是学生学习活动的组织者——不再是自始至终絮絮叨叨地讲课、传授知识的人，而是把学生组织好，让他们自主、合作学习的人，教师是学生学习和成长的引导者——"导而弗牵，牵而弗抑"，甚至不一定是"主导"，是指引学生以方向，让他自己去"走"（哲学上说"践行"）的人；教师是学生的激励者——崇尚肯定性评价，不断给学生以激励和欣赏，正如第斯多惠所说，教育艺术在于激励、唤醒和鼓舞；教师是学生学习活动的参与者——走下"讲台"，走进孩子中间，成为他们的益友、伙伴、知己，"平等中的首席"，是与学生共同成长的学习者。因此，具有现代意识的教师，就应该充分确立学生的主角地位，要教育、培养，并放手使学生自动思考、主动探索、主动创造，充分表现出主人翁、"主演"的角色形象。

二、以柔克刚第二步——耐心

以柔克刚需要教师的耐心。教师，每天都在面对着千差万别、性格各异的学生，教师在教育活动中对学生有没有耐心或具有耐心的程度怎样，如实反映出一个教师自我修养的程度。因此，耐心是一名教师的一个重要素质，是师德修养的一个方面。教书育人，为人师表，特别需要有耐心。

在某种程度上，教师的耐心可以说成是对因班级管理、学生教育、工作压力等方面而产生的烦躁情绪的控制能力，是耐性在心理活动中的集中表现。如果一位教师的耐性差，那么他就不是优秀教师，甚至可以说不是一个合格的教师。学生的接受速度、接受能力是不同的，针对性格倔强的学生，我们必须做到心平气和，让他放松，耐心等待，给学生充足的时间冷静，耐心指导，不能一味指责学生。要对学生有信心，知识的积累、思想意识的形成是一个漫长的过程，教育好学生也是一个漫长的过程，因此，教师在教育学生的过程中，需要树立信心。有的教师面对学生总是唉声叹气，却不知自己已经放弃了成功。转化差生，是我们经常提到的问题，也是我们经常面临的问题，对差生没有了信心，失去了兴趣，也就失去了耐心，就等于我们的这颗心对于这个差生来讲已经停止了跳动。对为一个教育工作者来说，这无疑是致命的错误。对学生没有信心，失去耐心就等于失败。因此，耐心需要树立信心，需要坚定信念。

一块巨石如果落在一堆棉花上，会被棉花轻松地包在里面。正所谓"弱之胜强，柔之胜刚，天下莫不知，莫能行"。与学生进行思想沟通时，老师如果对顽固的学生施以"柔"的策略，往往能攻破学生的心理防线，让学生甘愿听从老师的教诲。

张强成绩不好，时有逃学行为。初二暑假过后，张强私自决定不再上学，约了他人想外出打工。开学时，班主任俞老师不见张强来报到，当天就去了他家。师生面谈了好久，而张强却像是铁了心似的不愿上学，就连父母一起劝说也无效。第二次，俞老师又去了，还是和张强讲道理，从日升讲到日落，张强总算有点心动，答应次日到校上学，结果第二天在学校又没见到他的身影。第三次，第四次……次数多了，张强见老师再来，干脆就跑了。俞老师没有泄气，继续找张强做思想工作，从人生理想谈到辍学的弊端，从世界的变化谈到知识的价值……终于，俞老师以自己坚持不懈的柔韧之力感动了张强，他回到了校园，日后又考上了高中。现在，张强还经常写信给他的俞老师，说没有俞老师就没有他的今天。

三、以柔克刚第三步——控制好情绪

以柔克刚需要控制好情绪。现代社会，人们的生活压力越来越大，常常处于情绪不佳的状态，教师也不例外。经研究，消极情绪对我们的健康十分有害，不少人因此患上了这样那样的身心疾病。因此，我们常常需要与消极的情绪作斗争。而教师由于职业的特殊性，控制好自己的情绪就显得尤为重要。当觉察到自己的情绪出现问题时，第一步是找出原因，如果是身体方面的原因，那就要尊重身体规律，保证充足的睡眠，坚持经常运动，合理饮食，保持积极乐观的态度。在想发火之前，先数10下，或者深呼吸，你也许就会放松下来。要保持豁达的心态，

教师的豁达开朗更能拉近与学生之间的距离，创造和谐宽松的教学气氛。

作为老师，在学生情绪波动产生偏激行为时，如果我们能善于控制自己的情绪，以柔克刚，恰似细雨之于烈火，往往能使学生的情绪尽快稳定下来，从而巧妙地化解尴尬的场面。

一天，一名学生跑进办公室向班主任赵老师报告："吴天渔和邵州成打起来了！"赵老师闻讯，三步并作两步奔向教室。只见两人宛如好斗的公牛顶在一起。一个脖子抓伤了，一个牙齿流血了。尽管周围很多同学都在劝架，但两人都憋着一口气，谁都不肯先让一步。原以为自己到场问题就全解决了，没想到，赵老师刚一"出场"把围观的人驱散，吴天渔就像点燃的爆竹一样炸开了花，大声吼叫："我杀了你！"班里的气氛一下子紧张起来。在场的学生都呆住了，两眼直望着赵老师。如何收拾这样的尴尬场面呢？如此直接的顶撞对赵老师来说还是第一回，她觉得很没面子，真想狠狠地训他一顿。转念一想，这个时候训他也解决不了问题呀！片刻之后理智终于战胜了情绪，赵老师克制住自己的感情，尽量以平静温和的语气说："大家都觉得他的行为有些反常，是吗？我想一个学生是不会无缘无故地和老师闹对立的，他这样做，一定有原因，先松开手，两人都回到座位上想一想，再跟我来解释！"自然，吴天渔感到很意外，吃惊地看着赵老师。放学前，吴天渔来到了办公室，一进门就站在老师面前，低着头说："老师，我错了！"

四、运用以柔克刚的注意事项

首先，面对自尊心较强的学生，不要用冷漠的表情或眼神，这样会造成不必要的伤害。因为"言者无心，听者有意"，老师直截了当的批评，尤其是在大庭广众之下不留情面的批评更会使他深受打击。不经意中师生沟通的桥梁又坍塌了一处，即便以前老师在他心目中的形象很好，此时也会大打折扣的。所以，当自尊心强的学生有了错误，老师最好是以柔克刚，这样往往能唤起学生的自我意识，将其自尊心转化为不断上进的动力。

邓萍是一个自尊心比较强，又有点虚荣的女生。开学后，班主任宣老师给学生们重新编排了座位，邓萍不满意过于肥胖的新同桌，以为是宣老师有意歧视自己。于是，她就以拒绝参加紧接着的"校会"来表达对新座位编排的强烈反抗。虽然宣老师不厌其烦地劝说也是一无所获，但他并没有因此训诫、压制邓萍，而是采用"以柔克刚"的处理方法，答应会后重新安排她的位置。遗憾的是邓萍还是不答应，竟然要求宣老师当场写"保证书"。这种怀疑和固执当然属于"不知天高地厚"的失礼之举，但宣老师从学生的需要出发，还是不动声色地写了保证书……看到宣老师对自己一味退让，邓萍感到十分惭愧，她主动回到那位胖同桌身旁。后来，邓萍还以此为题材写了一篇《享受关爱》的文章，发表在《关心下一代》的学校周报上。

不可否认，宣老师对学生的退让不是一种怯懦的表现，更不是要对问题弃之不顾，而是为了避实就虚、缓和矛盾，从而更好地促进学生的自我教育。

其次，面对容易走极端的学生，心理学研究表明，当人的情绪浮动时，总是要发泄的，有的会发展为破坏性行为。因此，当面对"感情容易激动，容易走极端，爱顶牛"的学生时，作为老师，我们要冷静，给偏激的学生留下空间，让他们自己去认识问题。

汪玉梅老师班上有个思想偏激、桀骜不驯的学生名叫马强，他一向对什么都看不顺眼。有一天，在班会课上，马强对汪老师的做法评头论足、毫不留情。汪老师不动声色，保持镇定，让他说完，也不辩解，只说了一句："我对马强的意见持保留态度。"这时候，汪老师还放手让马强实施他的纲领，在编排座位上体现他的"公平原则"。一星期下来，马强焦头烂额，班上也混乱不堪，他只好写纸条请汪老师收拾残局。汪玉梅老师的以柔克刚留给学生的是愧疚和自责，不仅巧妙地化解了尴尬的局面，还从根本上教育了马强，使他真正明白了老师的良苦用心。

最后，对于师生之间产生的矛盾，老师以博大的胸怀，给学生适当的宽容，巧妙地以柔克刚，就能化干戈为玉帛，使师生双方的矛盾和冲突向好的方向发展。

一天，任课老师向班主任李老师告状，说李老师班上有一位调皮大王跟在他身后边跑边唱《月亮走我也走》，暗讽老师谢了顶的头。李老师找来了那个男生，先是问他喜欢不喜欢流行歌曲，他说喜欢。接着老师让他说出唱这首歌引用了哪些修辞手法，他说不知道，李老师告诉了他。紧接着李老师又跟他讲了一些关于月亮的古诗词，还从古代的"嫦娥奔月"讲到今天我国航天飞船上天，让他好好学习，报效祖国。那个学生显然很感动，诚恳地认了错，表示要向谢了顶的老师道歉。一场风波就这样轻易地化解了。

总之，遇到学生的不良行为或顶撞现象时，老师一定要冷静，千万不要意气用事，更不能采用"以眼还眼，以牙还牙"的方法，因为这样虽然能换来暂时的"风平浪静"，却难免海底依旧"波涛汹涌"。

优秀教师的沟通技巧

第四节　以退为进

　　杜老师曾经接管了一个差班。当时，正好赶上学校安排各班级学生参加平整操场的劳动。这个班的学生躲在阴凉处，谁也不肯干活，任凭杜老师怎么说都不起作用。后来，杜老师想到一个办法，她问学生们："我知道你们并不是怕干活，而是都很怕热吧？"学生们谁也不愿说自己懒惰，便七嘴八舌地说，确实是因为天气太热了。杜老师说："既然是这样，我们就等太阳下山再干活，现在我们可以痛痛快快地玩一玩。"学生一听十分高兴。杜老师为了使气氛更加融洽，还买了几十个雪糕让大家解暑。在说说笑笑的玩乐中，学生接受了杜老师的说服，不等太阳落山就开始愉快地劳动了。

　　对于学生的"偷懒"现象，杜老师没有直截了当地批评、指责，而是采取"以退为进"的处理方法。这样做不仅巧妙地化解了师生之间的尴尬，还充满了对学生的人文关怀，使师生关系出现了其乐融融的和谐景象。可见，老师如果本着保护学生心灵的思想，真正做到"以退为进"，就一定能"精诚所至，金石为开"，使沟通取得"退一进二"的神奇效果。

　　从古至今，"以退为进"都是一种大智慧，是取得成功的有利战术。越王勾践，卧薪尝胆，养精蓄锐，一举吞灭吴国；陶源明退隐山林，才有了"采菊东篱下，悠然见南山"的佳篇；鲁迅弃医从文，磨砺笔锋，发出惊世骇俗的呐喊。对于老师而言，如果巧妙地运用"以退为进"的方法与学生沟通，更是能受益匪浅。

陶宏开是美籍华人，他在美国定居 18 年，有 7 年时间从事素质教育，深入研究中美文化、教育等课题，2002 年退休后回国担任母校华中师范大学的特聘教授。他成功帮助众多沉迷于网络游戏的孩子找回自我，被称为"网瘾克星"，还被共青团中央聘为全国第一位"网络文明爱心大使"。陶教授认为，对于上网成瘾的学生来说，"堵"并不是解决问题的最佳途径，要看清学生的本质，"以退为进"地开展思想沟通工作，就完全可以引导他们戒除网瘾。

陶教授曾经接触到一个名叫陈海阳的"网瘾"学生，他的性格比较内向，不是很会说话，还曾三天两夜呆在网吧不回家。从一开始，陶教授就感觉到陈海阳其实是个很单纯的学生，内心也很想上进，玩游戏对他而言，好比是戒不了的毒，他需要自己的帮助！于是，陶教授便经常给陈海阳打电话，旁敲侧击地问他晚上在家做些什么，晚上是否做作业，上网时爱玩什么，哪些游戏比较好玩，在网上聊天认识的人感觉怎样等问题。每次回答，陈海阳几乎都是短短的几个词语，是或不是，很简单。但他的回答又很直接，不回避什么。想到就说，说完就没有了。

一个周六的下午，陶教授突然接到了陈海阳父亲的电话，对方十分生气地说："儿子又去网吧了，中饭都没回家吃。"陶教授一边安慰陈海阳的父亲，一边叮嘱他："孩子无论何时回到家都千万忍住不要发火，一切等我电话联系到他本人再说。"

事后，陶教授知道陈海阳当晚 7 点左右回到了家，父母忍住了怒火，只扔给他一句话，说陶教授已打电话找他了。陶教授意识到：前期的铺垫工作结束了，现在该是和陈海阳面对面开展工作的时候了，好比是在战场上正面交锋、短兵相接的关键时刻。

第二天一大早，陶教授就拨通了陈海阳家的电话，找到了他。当陶教授平淡地问陈海阳昨天出去干了什么时，陈海阳很老实，只是简单地说："去网吧了。"似乎他已料定陶教授会问到这个问题。陶教授想，电话里虽然听不出陈海阳当时的表情，但他一定对自己有所戒备，筑好了心理防线，若此时对他严厉批评或谆谆教导，恐怕没有多少效果。于是陶教授接着问：“是不是学校里布置了什么作业，需要上网找资料？在网吧里呆这么长时间，是否找到了自己所需要的资料？”

这下陈海阳像打开了话匣子，连忙说：“政治老师布置了一个作业，我本来想去网吧找些资料。哪知道后来还是熬不住，玩起游戏就忘记了时间，感到肚子饿就回家了，但也已是晚上了。”听他说得挺坦白，陶教授心里不禁暗暗高兴：他愿意与我交流，我就有办法进一步对他进行教育。

陶教授又问陈海阳回家后父母的反应，他用满带迷惑的口气说："以前我这样他们肯定骂了，可昨天他们什么也没说，就说你下午来过电话了。难道是他们懒得骂了？不会吧！"

陶教授一边听，一边想：他一定能从电脑游戏中走出来的。教育他，采取什么样的策略，怎样在第一时间抓住其心理显得尤为重要。

陶教授语气坚定地告诉陈海阳："周六的事我暂且不评论对错，但以后上网，必须做到：一是出门时告诉父母你去哪里了，最好告诉他们你去了哪个网吧；二是要按时回家吃饭。这些都是为了不让父母太担心。如果你能做到这两点，由我出面做你父母的工作，让你每周六都能有半天时间去上网。"电话那头，停了近一分钟，陈海阳还是答应了。放下电话，陶教授觉得心里还不是十分有把握：他的父母会不会同意我的方案？会不会支持、配合我开展工作？他本人又能否遵守这个约定？能否感受到父母和老师的一片苦心呢？

周一上午，陶教授趁陈海阳在学校读书，赶紧打电话到他家，与他父母交换了自己的想法和策略，并再三恳请他父母按照自己的计划去做，先退一步，给孩子一个缓冲的时间。

事后证明，陶教授这一步是“退”对了，陈海阳以后还和陶教授说起，他一直很迷惑当时父母怎么会有那样的表现，以往总是连教育带骂的。他本来打算那晚如果父母骂得太厉害，晚上就索性躲到某个网吧里去。结果搞得他自己反倒有点不好意思了。

很快，又一个双休日来了，陶教授一直惦记着陈海阳，一大早就给

第二章 优秀教师的沟通技巧之策略

他电话。当时，陈海阳正在吃早饭，陶教授问他几点去网吧，电话那头先是停了会儿，然后说："你怎么知道我会去？万一我不去呢？"

陶教授说："你还是去吧，只要遵守我们的约定，你父母那儿我来解决。要不然双休日两天你会感觉少了什么，浑身会不自在的。"

当晚，陈海阳的父亲就给陶教授打电话说："儿子这次去了一个早上，12点不到回来吃中饭的，下午就很安心地呆在家里了。"自己的"督促"能起到这样的效果，陶教授非常意外，同时也更有信心了。

从那以后，陶教授每个双休日都用电话联系，只是提醒他去上网，其他什么都没有多说。陶教授想，陈海阳应该能体会到自己的用意，并且会一次比一次有进步的。

就这样坚持了两个多月。一天，在电话里陶教授又与陈海阳"开条件"了。他要求陈海阳以后尽可能做到周一到周五晚上不去网吧，如果去一定要告知父母，不能超过两次且每次不超过2小时。双休日如果有特殊原因冲掉了上网的时间，一定保证在第一时间内补回。记得临挂电话前陈海阳还问陶教授："你怎么监督我？万一我做不到怎么办？"陶教授很平静地对他说："不需要监督，一切靠你自己。如果你觉得需要帮助，我会随时提醒你的。"

从那以后，陶教授双休日的电话依旧，但渐渐地，督促他上网少了，询问他学习生活多了。

如今的陈海阳已经从虚幻的网络中回归现实，成了一名积极向上的好学生。

陈海阳是一个"问题"学生，老师的批评、父母的指责对他来讲已是"家常便饭"。对此，陶宏开教授巧妙地运用了"以退为进"的教育方法，不"说服"，不"治病"，不"贴标签"，而是巧妙地给学生以回旋的余地。"退一步海阔天空"，这样做不仅使陈海阳有了意外的惊喜，更使他感到陶教授对自己的信任与宽容，无形中产生了自我教育的良好效果，这显然要比"堵"的方法更有力量。

社会心理学上，人们把行为举措产生的结果与预期目标完全相反的现象，称为"飞镖效应"。这好比用力把飞镖往一个方向掷，结果它却飞向了相反的方向。面对像陈海阳这样有不良行为的学生，有些老师往往站在其相反的方面，一味地批评、指责甚至歧视，与学生"两阵对垒"。其结果如何呢？往往会导致学生产生逆反心理，不仅影响师生之间的感情，还往往导致学生的行为更加恶化。而陶宏开教授却采取"以退为进"的处理方法，给学生以缓冲的时间，以利于双方在心平气和的状态下达成共识。

我们可以看出，后来陶教授与陈海阳之间的对话已经变成没有约定"心灵"的沟通，真正达到艺术与情感的完美交融。

第二章　优秀教师的沟通技巧之策略

第五节　换位思考

在日常的教学工作中，我们常常会碰到这样的事情：有时候教师在下课铃声响了以后，为了要把自己的教学任务完成，就拖了一点时间，而下面的学生大多表示出不耐烦的情绪，但大多数上课老师并没有理会，而是站在自己的角度考虑：我是为学生好。大家都觉得自己有理，进而弄得师生关系不和谐。面对这种情况，教师要学会用"移情"的方式，换位的角度思考，学会寻找"黄金分割"点，从而客观认识存在的问题，有效地解决问题。

一、教师是身份和角色的矛盾统一

如果认为教师首先是身份，其次是角色，那样会把自己的位置抬高，无法走进学生的心灵，甚至会影响对这份职业的感情；反之，才有可能去认真对待这份职业。当教师和学生发生矛盾和冲突的时候，如果教师首先扮演的是自己的角色，就会舍下一时的面子，换位思考，很多问题就会得到妥善的解决。相反，如果教师首先代表一个身份的话，很可能由于面子，而使得师生的关系僵化，问题变得复杂。

教师要使自己用"学生的心灵"去感受，用"学生的大脑"去思考，用"学生的眼光"去看待，用"学生的情感"去体验，用"学生的兴趣"去爱好。因为"孩子的心是最稚嫩的，他们的心受到伤害便会结疤"。

心理学上认为"你不是别人，怎么能了解别人！"师生关系不同于

优秀教师的沟通技巧

其他人际关系，师生之间的关系是学校出于管理与教学工作的需要统一安排的，师生之间一般没有互相选择的自由。不论师生是否喜欢对方，都必须相互接受，而且关系一旦形成，一般就要维系相当长的时间。因此，师生关系的这种交往对象的限定性特点就要求我们教师在处理师生关系时，必须接纳和尊重学生，以学生为中心，自始至终站在学生的角度看问题，设身处地为学生着想，积极充当好学生的道德示范者、学习组织者、潜能开发者、研究参与者、生活指导者、行为矫正者、心灵抚慰者的角色。要努力做到：理解其处境，体谅其困难，关心其冷暖，正视其缺陷，关注其价值，肯定其努力，鼓励其追求，支持其抉择，满足其需求，扶持其决定，尊重其人格，期待其成长。

这里，需要特别提出的是，许多教师常常直接地引用自己的经验，"假如我是你，我就……"，道德说教只能引起学生的焦虑和反感。而恰当的，应当说："有些人发现那样做有利于（或有害于）……不过你认为如何呢？""就你情况而言，那样做有好处吗？"这样显然有更好的教育效果。

因此，教师换位思考的沟通，可以使师生在精神和感情上更加贴近，在心灵上更加契合，从而引发和谐的互动，增进师生间的深厚情谊。

教师要养成换位思考的良好习惯，时时变换自己的角色，站在家长和学生的角度去换位思考。只有换位思考，才能对事情的前因后果、来龙去脉及性质趋向有更全面、更客观的把握，从而保证自己做出客观、科学的判断和选择。懂得换位思考的人是心胸宽广、聪明睿智的人，懂得换位思考的教师会在许多事情的处理上比别人棋先一招、技高一筹。

曾有人说："站在学生的角度上看世界，你会发现这个世界竟有着如此多的鲜为人知的美好。"教育本应该以人为本，要教育好学生，就必须理解学生，站在学生的角度上考虑问题，然后才能决定用什么样的方法去教育他，引导他，以达到事半功倍的效果。

学生眼里的世界是一个绚丽无比的世界，在那个世界里，他们能看到天堂，而不是我们成年人所以为的天空！学生眼里的世界是一个美妙多姿的世界，那里有一种成年人在日常生活中无法体会和领略到的神

秘！因此，对于学生，老师如果能换位思考，师生间就可多一些了解，少一些误解；多一些理智，少一些盲目；多一些关爱，少一些摩擦；多一些鼓励，少一些责备……

苏林姆林斯基曾告诫过我们"时刻都不忘自己也曾是个孩子"，就是要求我们学会"换位思考"，要做到角色互换，站在学生的立场上考虑、思索问题。换位思考，不仅是一种思维方式，更是为人师者的一种人生境界。

很多时候，学生或许完全错了，但他们并不这样认为。此时我们最好不要直接去指责他们，而是找出其中的原因——学生们特定的思维及行事方式总是缘于某种原因。我们应该把自己换到学生的位置和角度去思考：假如我是学生，犯了错误的时候我的心情会怎么样？我希望老师会怎样对待我？当我在学习或者生活上遇到困难的时候，我最希望得到什么？如此想来，就不会再以简单粗暴的方式来对待学生了。这样，我们就可以了解学生，从而成功地走进他们的内心。这是一把开启学生心灵之门的金钥匙。那么教师在日常教学中，如何针对不同情况的学生进行换位思考，才能进而达到良好的沟通目的呢？

优秀教师的沟通技巧

二、换位思考的方法

（1）了解学生的个性差异及其成长环境。我们有的教师由于接触的学生多了，对学生的共性比较了解，因此对发生在学生身上的问题容易"想当然"，按以往的经验去判断问题，解决问题。学生个体是千变万化的，因此，对教师来说，调查研究很重要，应弄清楚这件"事"，这一个"人"，然后再换位思考，"对症下药"。所以，教师在教育教学中的方法与内容均要因人而异，才能达到对症下药、因材施教的效果。就像我们教师各有性格，各有特长一样，学生同样如此。学生因为生长环境的不同而具有不同的性格、个性、智商和情感，甚至不同的世界观和人生观，因此我们在教育学生时要准确地认识到不同学生之间的差异和每个学生的个性。

（2）让学生自己找台阶下。有时学生偶尔犯错，教师只要加以引导，通过学生的自我教育就能达到一定的效果，而不需要教师长篇大论式的思想教育。因为每位学生都有强烈的发自内心的需要，需要教师的尊重、理解、关怀、帮助、信任。学生偶尔犯错误的时候，特别需要教师的谅解。所以，我们要站在学生的角度上，让他自己找个台阶下，自己从中认识到错误，反思自己的不足之处。

（3）鼓励学生换位思考。换位思考应该是双向的，同时进行的。教师不仅要站在学生的角度上为学生思考，也要让学生站在老师的角度上来看问题。在学生眼里，老师总是神圣的，高不可及的。老师所做的一切在他们眼里都是轻而易举的，也因此，他们难以体会到教师的辛苦。一个聪明的教师，可以试着为学生创造机会，让他们站在教师的角度上去看问题，从而达到双向沟通的目的。比如教师可以经常组织学生备课、讲课、批改作业，一方面给了学生锻炼胆量和能力的实践机会，更为重要的是，通过亲身参与，使他们加深了对教师职业的了解，体验到了老师教学的辛苦，真正做到了与老师心与心的沟通。

（4）教师还应注意换位思考是换位，就是"理解"学生的想法、感受，从学生的立场来看事情，而不是站在本位上"为学生着想"。但是不幸的是，许多老师的换位思考或是站在自己的位置上去"猜想"学生的想法及感受，或是站在"一般人"的立场上去想学生"应该"有什么想法和感受。有时候表面上我们是在"为学生"着想，当事情的后果不如我们所想象或期待的那样美好时，我们就会觉得委屈，"好心没好报"。

个性化的教育就是要求教师将心比心，和学生做一个换位思考。想想遇事时我们会想得到什么，不希望得到什么，然后就把想要的给予学生，避免将害怕得到的施加给学生。总之，教师要多和学生们接触，了解他们在想些什么。只有这样，才能在教育教学中、在实际工作中从学生的利益出发，做到有的放矢，对症下药。

第六节　适度冷处理

荀况曾说："有师有法者，人之大宝也；无师无法者，人之大殃也。"对于"冷处理"，相信任何一位老师都不会感到陌生。在互联网搜索引擎上，键入"冷处理"一词，相关搜索令人眼花缭乱，大到一个国家处理国事问题，小到一个人对待感情问题，都可见"冷处理"一说。

冷处理，单从字面上理解，是模具加工工艺的一道工序，就是把烧得通红的模具放入冷水中处理，目的是让模具变硬、耐用。

冷处理，现在则被人们引申为一种人际交流与沟通的艺术。当老师遇到一些棘手的事情时，有时暂时的"冷却"比急切的"热攻"的效果要好得多。

一生钟情栽桃李的教师霍懋征，教学几十年，从来没跟学生发过火，更没大声呵斥过学生，遇到一些淘气的学生惹她生了气，她就采取冷处理的方式进行处理，而且取得了很好的效果。在这种沟通方式的指引下，霍懋征实现了她的格言——没有教不好的学生，只有教不好的教师。

确实，只有教不好的教师才会在与学生沟通时，倾向于采取"强攻"的方式，急于找出原因，"盖棺定论"。殊不知，有时候，教师适当留点空白进行冷处理的方法，要远胜过那些心急火燎的攻心法。来看一则案例：

在大连市教育系统，第46中学的教师董大方算是个知名人物。大连市教育局曾在 2000 年把她树为教师楷模，2004 年她被提名为"全国十大杰出教师"候选人。董大方看上去总是清清爽爽，没有一丝倦态，灿烂的笑容总能感染周围的人。她有阳光般灿烂的笑容，她有春风般的话语，她总能把思想工作做到学生的心坎里。在 27 年的教学生涯中，她始终用尊重和信任，铺设着师生之间心灵沟通的桥梁。

有一年，她接手了一个新班，没多久正好赶上学校里的科技月活动。在科技月班会排练之初，董大方将班上所有的学生分为 3 个组，每一组指定了一位组长，并安排了任务。其他两组都进行得非常顺利，只有第二组在董大方检查时没有完成任务，更确切地说，应该是根本没有做任何工作。董大方找到了这个组的组长任远同学了解情况。

那天下午 4 点半，放学后任远带着一脸的不情愿来到董大方的办公室。董大方见状便微笑着请他坐下来谈话。而任远的双眼却一直游离不定，始终不肯与老师的目光对视。董大方笑笑，开门见山地道："任远啊，我刚刚检查过你们 3 个组的工作，你们小组的进度比较慢，能告诉老师原因吗？""董老师，这可不能怪我，谁让他们什么事也不干呢？连我组织开会他们也经常迟到，我这工作简直没法进行！"任远理直气壮地说。"哦，是这样啊。那么你仔细说一下情况吧。"董大方不急不躁地说。"比如前两天我告诉陈阳下午立刻把有关月球的资料找出来并整理成知识卡片，可他居然说没空！这是什么态度，我是组长，我分配给他的任务他都不配合我好好做！还有……"不知道任远哪来这么多话，足足发了一个小时的牢骚才住口，内容无非是这个工作速度慢，那个工作能力太弱。董大方耐心地听他说完，渐渐了解了任远的工作细节，感觉任远的工作存在着不少问题。于是，董大方试图指出他在工作中存在的问题，教给他方法，便说："任远啊，你是组长没错，但你分配任务时有没有考虑过大家的能力和时间问题呢？据我所知，陈阳的动手能力很强，你为什么不把制作模具的任务交给他……"董大方话还没说完，任远就抢了话头："董老师，你这是什么意思？找资料的活很简单的，去学校图书馆用不了 20 分钟就能搞定，我怎么就没考虑过？"

任远越说越激动，根本听不进董大方的任何意见，最后居然说："董老师，既然你怀疑我的能力，那我辞职好了!"董大方一怔："任远啊，老师可不是这个意思……"师生这次谈话持续到晚上6点半，最后任远摔门而出。

被他抛在身后的董大方却不急不恼，她仔细地回味着这次谈话，琢磨着问题出在何处。这时她想起在接班时前班主任张靖老师也特别向她提起过任远，反映这个学生学习好，个人能力强，但他不会和其他同学相处，组织能力较差，自我意识过强，不能接受别人甚至是老师的意见。鉴于以上的情况和任远的个性，董大方决定采取"冷处理"的方法。

董大方确定了方法以后，第二天她没有再找任远谈话，而是直接召开了第二组的全体会（任远虽然接到了通知但闹情绪没有参加），重新选了负责人（任远的组长一职没有宣布撤销），重新制定了工作计划。在以后的班会排练和正式举行的过程中，董大方都没有安排任远做任何事情，但要求他从头到尾都要参加。

在整个的过程中，任远的状态不断地发生着变化：最初他对其他同学的工作漠不关心，甚至不屑一顾；渐渐地他开始关注排练的过程，有时还想发表自己的意见，但又因不好意思说出口，便强忍着；到正式开班会前的最后一次彩排后，他终于忍不住找到董大方，提出了自己的意见，董大方并没有重提旧账而是采纳了他的意见并表扬了他。

最后在开班会的那一天，任远主动要求做黑板报的设计工作。在班上的总结会上，董大方建议给全班同学加分，任远当时提出自己不能加分。其他同学和董大方一致认为他为班会还是做了一些工作的，所以也给他加20分作为奖励。

总结会后董大方找任远谈了一次话，这次效果比较好，通过反思他也认识到了自己的一些问题，并表示今后一定改正。

一场艰难的沟通，经过这样的冷处理，最终水到渠成地完成了! 气头上的任远，自负的任远，连老师的意见都不放在心上，唯有自己为上。对此，董大方老师的"冷"则让他渐渐心急：好胜的他，怎么能容得下别人在他面前指手画脚；自高自大的他，又怎么能甘心被老师"罚"下场，饱尝坐"冷板凳"的滋味。

老师的"冷"与任远的"热"形成了鲜明的对比，师生过招，最终是这个出现"热"问题的学生被老师的"冷"所降服。正可谓，对症下药，优秀的教师在与不同的学生沟通时一定要讲究不同的方法——当趁热打铁不奏效时，何不进行冷处理？

倘若董老师因为任远对自己的"不敬"行为而怒不可遏，一气之下撤销他的组长一职，并对他的行为严厉训斥，以任远的性格他会接受吗？董老师又能达到预期的沟通目的吗？

教师遇到问题找学生谈话，一般是抱着及时解决，宜早不宜迟的态度，仿佛趁热打铁才能成功，但是具体问题要具体分析，有些情形需要冷处理，要欲擒故纵，要留一段空白时间，以便学生有一个反思审视、自省自悟的余地。

所谓"冷处理"就是暂时将事情搁置，给学生冷静的时间，将他置于事件之外，让他观察、思考、反思，最后主动得出结论。

教师在处理有关问题时，只要是把处理的时间向后挪而不造成不良后果的，就应把时间尽量朝后挪，给学生一个渐悟的过程。这样，既能让学生内化，达到认识、自悟、忏悔、改过的目的，也能让老师有充分的时间进行调查了解，从而分析研究学生的过错心理，抓准事态的症结和选择恰当的处理办法。同时，更能让教师在心理上进行"冷处理"，避免感情冲动和妄下论断。

这种方法比较适用于那些容易冲动、性格较自我的学生。但在实施的过程中一定要把握好火候，不能伤害学生的自尊心，否则将激起更强的逆反心理而不能达到批评教育的效果。

第七节　以身作则

古代早有"师表"提法，孔子被称为"万世师表"，指教师应当成为学生效法的表率。孔子最早倡导以身作则，他说："其身正，不令而行，其身不正，虽令不从。"孔子从事教育的一生，也是"以身立教"的一生。他倡导教师要有良好的举止、语言的修养，也很重视教育有道，受到学生的爱戴。在学生的心目中，教师的言行往往就是道德的标准。一个好的教师，在学生眼中就是智慧的象征、人格的象征，可以说教师的思想、行为、作风和品质，每时每刻都在感染、熏陶和影响学生。有人说，教师的一言一行，都起着耳濡目染的作用，学生的眼睛是"录像机"，耳朵是"录音机"，脑子是"电子计算机"，教师的举止影响太大了。率先垂范是为人师表的重要表现，"身教重于言教"，教师应表里如一，言传身教，要求学生做的，自己首先做到，要求学生不做的，自己首先不做，总之要身体力行。

一、榜样效应

教师往往在学生的心目中有较高的地位，学生容易产生一种"向师性"，即模仿教师的各种言行。因此，教师做到以身作则，为人师表，对学生就有明显的表率作用。以身作则，为人师表是教师职业道德的一个重要特征，教师职业道德的特殊性在于育人，不仅用自己的学识去教人，更重要的是用自己的高尚品德去教学生。在教育过程中，教师的人格本身是一种教育因素，直接影响学生的人格，对学生良好思想品德的形成有着潜移默化的作用。因此，教师必须在思想品德、学识才能、言语习惯、生活方式和举止风度等方面"以身教之"，成为学生的表率。教师要求学生做到的，自己应首先做到。比如，在对学生进行礼仪常规教育时，教师首先应该按照礼仪常规去做，和学生交谈自觉运用礼貌用语，这样，学生便于接受，也会觉得这样的老师可敬、可亲，那么，融洽的师生关系也便于建立。

美国当代著名心理学家阿伯特·杜拉认为，影响学生道德学习的因素很多，但是，其中起决定作用的是行为主体的观察或对榜样模式的模仿。首先，学习者通过观察、模仿别人的行为，可以获得新的反应方式；其次，通过观察和模仿，可以抑制已习得的反应，也可以解脱对这一行为的抑制，即当学习者观察到某一反应受到惩罚时，就会降低他对这一反应的模仿，反之，当学习者看到这一反应受到鼓励时，就会消除对模仿这一反应的抑制；第三，观察和模仿可以激励或强化原有的行为倾向和行为模式。

要想取得好的教育效果，最大的、最好的、最经常的榜样是我们的教师，最好的教育方式是教师的言与行。教师是学生心目中的榜样，在全面推进素质教育的今天，教师更应该提高自身素质，树立职业道德，以高尚的道德风范去影响学生，当好学生健康的指导者和引路人。

二、教师自制

提起现在的中小学生，许多老师会摇头感叹：抽烟、喝酒、打架、斗殴、上网吧、作弊、早恋……实在难管啊。可是，只要仔细观察就会发现，有些学生的问题恰恰出在教师自己身上。

有的教师不允许学生上网聊天、打游戏，自己却躲在办公室里偷偷

上网聊天、打扑克、玩游戏；有的教师不允许学生佩戴手机，自己却当着学生的面发短信，没事偷着乐；有的教师不允许学生喝酒，自己却醉醺醺地站在讲台上，连书都忘带了；教育学生讲究卫生，不随便吃零食，不乱扔垃圾，保持教室和宿舍里的干净整洁，而自己的办公室却从来不打扫，瓜子壳、水果皮扔得满地都是，脏了指派学生来清理；教育学生对人有礼貌，主动打招呼，可是面对学生的问候却是一脸的麻木，一脸的严肃；教育学生讲诚信，可是教师参加各类考试时，却想尽一切办法作弊；教育学生要团结，相互尊重，可是教师之间为了当优秀，评职称而争得面红耳赤。

这些现象不能不让人担忧。因为学校无小事，处处是教育；教室无小节，处处皆楷模。古人云："其身正，不令而行；其身不正，虽令不从。"教师的率先垂范，比任何说教都有实效。要求学生做到的，自己先做到，这样无声的教育才是真正有效的教育。

三、身教重于言教

教师就是学生的标准，教师的脚印就是学生前进的方向，在学生面前教师就是一面镜子、一本书。教师，作为班级教学的组织者、知识的传播者，同样，必须自觉地、无条件地遵章守纪，以自己的言行去教育学生、感化学生，并成为学生的楷模和学习的典范，使学生对你佩服、崇拜既而仿效，以达到教化的目的，这就是身教。否则，学生对你的喋喋不休只会左耳进，右耳出，或嗤之以鼻。因此，规范学生的行为，首先要规范自己的行为；提高学生的素质，首先要提高自身的素质。

古人云："学高为师，身正为范。"在学生的心目中，教师是他们崇拜及学习的榜样，只有当教师的一言一行都符合教师职业道德规范，并模范地遵守了学校的各项规章制度及学生日常行为规范的时候，对学生的教育才是有效教育，学生才有可能接受，并尽可能转化为一种自觉性。

以身作则，是我国教育者的优良传统。古代伟大的教育家孔子教育学生不仅重以"言教"，而且重以"身教"，处处以实际行动感化、影响学生。孟子提出"教者必以正"，重视"以身作则"原则。西汉教育家董仲舒说："善为人师，既美其道，又慎其行。"意思是说，要当一名好老师，既要有渊博的知识，正确的教育方法，又要有高尚的品德，良好的行动，以身作则，为人师表。现代著名教育家陶行知明确提出"教师应当'以身作则'，以'教人者教己'"。一些外国教育家也主张教师要"以身作则"，如17世纪捷克教育家夸美纽斯指出"教师的急务是用自己的榜样来诱导学生"。

身教重于言教，是实践证明了的真理。凡是要求学生做到的，自己首先做到，而且要努力做好；凡是不允许学生做的，自己坚决不做。教师能否做到以身作则，直接关系到教育的成败。学生是有思想的人，他们对教师不但听其言，而且会观其行，教师只有以身作则，才能赢得学生的信任、爱戴。反之，如果教师只是说得好听，而在行动上却是另外一种样子，学生就会不听教师的话，有的学生还可能口是心非，言行不一，成为"说话的巨人，行动的矮子"。

教师作为"以德育人"的劳动者，不仅要用全部的知识才华去教育学生，而且要用人格风范去影响学生，在教学过程中教师的"身教"往往胜于"言教"，让学生做到的教师首先要做到。孔子曰："其身正，不令而行，其身不正，虽令不从"，"不能正其身，如正人何？"要求学生不迟到、不早退，教师必早来晚归；要求学生勤奋学习，教师也应不断充实自己，孜孜以求；要求学生有良好的思想品德，教师必先树立崇高的人格和师德。这样学生才更愿意追随教师，听从教师的教导，从而有利于学生人格的健全，智力的增长。

第三章
优秀教师的沟通技巧之语言

师生沟通中教师语言的使用是一门艺术，主要使用的语言类型有幽默、模糊、委婉、含蓄、沉默等。

幽默是人际关系中必不可少的"润滑剂"。幽默可以用来批评学生的一些不良行为，幽默有时也用来补救教师在师生沟通中产生的一些失误。模糊的说法有时是为了使沟通留有余地，有时是为了照顾对方的自尊，有时是为了避开某些敏感的问题。富有亲和力的语言更能使学生与自己亲近，师生关系相处融洽。如果教师把话语磨去些"棱角"，变得软化一些，使学生在听到话语时仍感到自己是被人尊重的，学生就能从理智上、情感上接受你的意见，这就是委婉的妙用。在师生沟通中，"只需意会，不必言传"的手段就称为含蓄。含蓄是教师高雅、有修养的表现，也经常表示出一种对学生的尊重。学生的年龄越大、文化程度越高，教师使用含蓄语的频率也会越高。在带有说服学生性质的谈话中，教师的适时沉默会体现出一种自信心和力量感。教师有意识的沉默也是一种有效的批评方法。

第一节　幽默

　　中外教育调查显示，富有幽默感的教师是未来最受学生欢迎的教师类型之一。这证明，富有幽默感已成为教师不可缺少的必备素质之一。幽默不仅是教师人格魅力的展示，而且是教师教育机智与创新能力的具体体现。并且，它还是融合师生关系的润滑剂。

一、幽默的重要性

　　教师这一职业，面对的是正处于青春期蓬勃向上的年轻生命，他们热情活泼、精力充沛、头脑活跃、富有创意、思想敏锐，加之他们在人际沟通方面经验不多，因此在繁重的学习压力下，他们渴望轻松、安全、积极和释放，希望消除教师这个职业所带来的神秘感、隔膜感和压力感，从而在师生之间形成良好的沟通和互动，时常带给自己安全、温暖、乐观、蓬勃的如沐春风的感受。因此，在这种情况下，幽默自然就变得非常必要了。一般而言，幽默具有以下独特的功效：增强教育效果，弥补沟通的缺失，舒缓人际压力，激励进步，赢得尊敬信任，促进人际和谐。

　　在教育过程中，幽默的作用越来越被人们所重视。作为一个教师，如果具备了幽默的语言，那么师生的沟通会更好。

　　幽默在沟通中的作用是不可低估的，它能使沟通的效果更趋完美。

它的作用确实妙不可言，它就像我们打开电灯开关，电力便沿着电线输送过来一样，按下我们幽默的按钮，也能促使一股特别的力量源源而来。

有了幽默，我们可以学会以笑来代替苦恼，借着幽默力量，我们能将自己和他人超越于痛苦之上。幽默使人与人积极交往，能降低紧张，制造轻松的气氛。它以愉悦的方式表达人的真诚、大方和心灵的善良。幽默是一种才华，是一种力量，它像一座桥梁拉近人与人之间的距离，弥补人与人之间的鸿沟。一个幽默的老师，能够时时发掘出事情有趣的一面，并带领学生欣赏到生活中轻松的一面。这样的老师，容易令学生想去接近；这样的老师，能使接近他的学生分享到轻松、愉快。

很多时候，幽默不仅可以含蓄地指出别人的错误，还能在关键时刻助你一臂之力，让学生在高兴之中接受你的观点，让他们自觉地按你的指示去做某件事。

二、幽默在师生沟通中的运用

1. 批评学生，巧用幽默

当学生犯错时，我们教师批评学生往往比较严肃而紧张，以此达到让学生警醒的目的。这种做法是更正学生错误的有效途径之一，但有时也会产生一些负面影响，如导致师生关系的紧张，不能顾及学生的面子，伤害学生的自尊心等。而巧妙地设置幽默，不仅可以同样达到批评学生的目的，更容易贴近学生心理，学生也易于接受这种"软"批评。

有一篇老师日记这样记载：

在教五年级时，一天放晚学后我班的两名学生在校门外，因说笑发生口角动起了手，幸好被周围的同学及时阻止了，事后我知道了这件事，平时对于打架、骂人的一般处理，都是严肃地批评教育，但是所起到的效果并不是非常理想。第二天班会上，我笑着对学生说："同学们，你们听说打架有3点好处吗？"这句话刚出口，学生的注意力立即被吸引了过来，我继续说下去："第一嘛，就是打架可以迅速的提高自己的知名度，尤其是在人多的公开场合（生开始笑起来）；第二，打架可以消气，把心中生的闷气都泄到对方身上去；第三，打架可以让对方身体疼痛，让对方尝一尝拳头的滋味。"哈哈哈……大家忍不住都笑了起来。

"但是——"我话头一转，表情也故意"严肃"起来，"有利必有弊，打架也不例外，同样也有这样的3点坏处。"学生都全神贯注地听着，"第一，虽然打架可以提高知名度，但却不是什么好名声，而是会打架的坏名声；第二，打完架之后心里的气就能完全消除吗？不见得，这气是越打越大、越憋越多；第三，虽然自己的拳头落在对方身上，可是对方也会还手啊，他身上疼，你身上也疼啊！……"学生在咯咯的笑声中，联系前后一想就会恍然大悟，再看看那两个打架的孩子，他俩都不好意思了。趁热打铁，我赶紧问学生："大家说说看，好处与坏处相比较，打架到底好不好呢？"同学们纷纷发表了自己的意见。有的说："打架不好，伤害身体，更重要的是破坏了同学之间的友情！……"还有的说："打架不仅影响自己的形象，还影响到班级甚至学校的形象……"在讨论中，不知不觉便教育了每一个学生。

事后，两名同学一起找我承认了错误，并握手言和。此后，我们班级也极少出现打架、骂人这种不良行为。在这件事情上，我并没有直接批评某个学生，不仅保护了孩子的自尊心，而且以幽默的方式对全班学生都进行了教育，比起高谈阔论地讲大道理，学生更愿意接受这种保护"面子"、充满趣味的批评。

2. 课堂教学，多用幽默

课堂教学是紧张而富有压力的，学生要保持几十分钟的注意力听讲本身就是一件很不容易的事。所以，多使用一些具有幽默的语句、表

情、动作，可以调动起学生的积极性，缓解学习所造成的压力。如发现学生忘记带学习用品，如果老师笑着说："同学们如果是在战场上可不能忘记带枪啊，仗还没打呢，你就得投降了！"这么一说，一方面可以避免学生因忘记带学习用具而产生的尴尬，同时也提醒学生今后要提前准备好学习用具。反之，如果为此责怪学生，不仅会耽误课堂时间，同时会使忘带东西的学生心里紧张，间接影响他们学习的效率、效果。

有这样一篇教师日记：

有时课堂上会遇到有难度的思考题，我便事先给学生打打气："同学们，前面有一座高山，现在我们来做登山运动员，怎么样，有没有勇气和王老师一起翻山越岭啊？"学生面带微笑地齐声喊着："敢！""Let's go！"班级的课堂气氛马上就变得轻松、活跃了，在这样的氛围里学生敢于创想。当他们的回答很有自己的特色，能想到别人想不到的方法时，我会竖起大拇指夸奖他们："爱因斯坦都会为你鼓掌的，真棒！"

诸如此类的小幽默，使孩子们在笑声中，积极思考着、创新着，使学生充满前行探索的动力。

3. 协调师生关系，善用幽默

师生关系的和谐对教育教学的作用是举足轻重的。研究发现：学生对一个老师的喜欢程度，会影响他们对这个老师任教的科目的态度。师生的和谐关系是不容易形成的，需要老师做很多方面的工作，如果事情处理得不恰当，很可能引起师生关系的矛盾、僵化。那么，怎样能使师生关系更亲密，尤其是当师生之间发生一些矛盾的时候呢？我们可以选择幽默，用幽默来拉近师生的心理距离。

有这样一篇教师日记：

记得班里有个十分调皮的男孩，作业经常拖拉、少做，甚至不做。和他聊过多次都没有起到作用，协调家长共同教育，成效也不是很明显。一次，在课堂上他走了神，别人已经做好了题目，可他还在那里摸

优秀教师的沟通技巧

这摸那、纹丝未动。我非常生气，想一想这么长时间的交流都未能使这块"顽石"点头，我忍不住狠狠地批评了他……之后的一个星期，他的作业基本上能按时完成，我也及时地表扬了他，可是却发现他走路时，会有意无意地躲开我，这时我的气早已烟消云散，不知道他是见到我觉得不好意思呢，还是思想上的疙瘩没解开，才故意躲开我的呢？于是，抓住一次偶遇的机会，我拦住他笑着问："怎么，你又想做个'逃兵'吗？王老师难道是只大老虎吗？怎么一见到我就躲开呢？"他笑了，轻声喊了句："王老师您好。"我把他领进办公室和他聊起来，虽没有谈到前些时候发生的事，但他竟主动向我承认了自己的错误，我也保证今后不在全班同学面前批评他，我们用拉钩钩的方式结束了谈话，后来他进步得很快，期末考了全班第二名的好成绩。幽默是润滑剂，它避免了师生彼此的尴尬，拉近我们的心，如果采用生硬的方式进行沟通，师生之间就无法真正打开心门、坦诚交流。

三、幽默语言案例

善用幽默的老师，能更好地吸引学生、走进学生的世界中。那么教师在学生的沟通中，如何有的放矢，运用"幽默"这一润滑剂呢？

1. 趣从智生，怒气巧出

在师生的交往中，师生两代人因为在情感、心理特征、价值观等方面的差异，有时难免会发生一些冲突。有时候，学生只是想跟老师开个玩笑，并无恶意攻击的想法，学生开这样的玩笑是很常见的，但老师们往往很难接受。这时，幽默地应对尴尬的局面不失为一条极好的应对之计。

特级教师钱梦龙有一次一进教室，就看见讲台上有一堆橘子，心中纳闷，橘子外观完好，但似乎不太寻常，就随口问道："这些橘子是做什么用的?"学生回答:"请老师的!"钱梦龙含笑称谢,拿起一个来,不料橘子早已掏空,改塞为卫生纸。学生们哄堂大笑。钱梦龙老师一时僵住,但马上反应过来,幽默地说:"啊呀!原来你们这么细心,替我准备好了橘子皮,这可是美容上品!值日生,替老师包好!是哪几位同学,下课后到我办公室,我要好好地谢谢你们!"学生们又是一阵大笑。课后,几个调皮鬼主动到钱老师办公室认了错。试想如果钱梦龙大发雷霆,非要把恶作剧的学生找出来,狠狠惩罚一番,学生会觉得这个老师没有情趣,无形之中拉远了师生之间的距离,一堂课就只能在沉闷中度过了。

2. 移花接木,无心插柳

有时候,学生犯错时,直接指出他们的错误未必能收到预期的效果,因为这种话他们已经听了很多回了,早已不拿它当回事。这个时候,如果正话反说,寓理于诙谐幽默之中,就能收到一箭双雕的效果。

有一次,教师魏书生刚走进教室便发现有两个学生不知为什么正扭打在一起,全班同学的目光都望着他,看他如何处理,而那俩调皮鬼却浑然不知,仍打得十分"投入"。见此情景,魏书生便幽默地说:"同学们请继续欣赏这场十分精彩的'男子双打'比赛。"在同学们的笑声中,俩人不好意思地停下来,魏书生又不失时机地补充了一句:"同学之间应互谅互让,不要因一点小事弄得大家都不好意思。"

还有一次,魏书生发现一位同学听课时思想开小差,眼睛总是望着窗外,他便说了一句:"外面的世界很精彩,里面的世界也不坏。"这位同学立刻意识到魏书生在讲自己,得以重新集中精力听课。

可见同样是批评学生,用幽默的方式指出来,却能发挥出莫大的效果,它既批评了学生,又不伤其自尊心,而且不影响教学。

"幽默"是一种能量,它能增进彼此的亲密度。"幽默"也是一个成熟者自信的表现,以幽默建立的师生沟通渠道,能收到春风化雨的效果。

教育是一种特殊的交往，师生间的关系首先是交往关系。有效的沟通能直接建立和谐的师生关系。沟通是人际交往的润滑剂，而幽默感则是沟通的润滑剂。幽默感可以使沟通气氛融洽，信息的互动更流畅。恩格斯说："幽默是具有智慧、教养和品德的表现。"列宁也说："幽默是一种优美健康的品质。"教育家米·斯维特洛夫说得直接："我一直认为，教育家最主要的，也是第一位的助手是幽默。"苏霍姆林斯基更说："如果教师缺乏幽默感，就会筑起一道师生互不理解的高墙；教师不理解儿童，儿童不理解教师。"心理学家调查发现，学生最大的愿望就是老师语言生动形象、风趣、有幽默感；而最不喜欢的就是没有幽默感的老师。

四、运用幽默需要注意的事项

　　有幽默感的老师是随和又理性的，不会把自己的快乐建立在别人的痛苦上，以损人自尊的伤人话语来逗趣取乐。有幽默感的老师会自嘲，会转移冲突不硬碰硬，会运用智慧巧妙教化学生，所以幽默的老师通常是受欢迎的。但是，幽默也并非是师生沟通乃至化解师生冲突的万灵丹，正本清源之道，仍应知己知彼，做好情绪管理工作。运用幽默时，有许多方面还需要考虑到。

1. 培养豁达的胸襟

　　心境的开阔，不是临时一句话能替代的。日常生活中，我们要抱着平和、欣赏、乐观的心情，从多角度去看待世界、看待学生，预防自己陷于僵化、保守、固执之中。

2. 随和、理性

　　有幽默感的老师大多是随和而富有理性的，他们不会把自己的快乐

建立在别人的痛苦之上，以伤人自尊的话语来取乐，更不会轻易发脾气。

3. 融入学生的情感世界

老师应能放下架子，亲近学生，和学生一同体验生活的酸、甜、苦、辣。只有这样，才能理解学生，洞悉学生的心理。在这种互通有无的心境下，才能更多地激发出教师的串串妙语。

4. 事后表白

用幽默应对僵局与尴尬，在哈哈一笑之余，原本要表达的意思或许学生并不确知，所以，教师事后在适当场合应该澄清与表白，说明自己的看法，也了解学生的意图，这样彼此的感受才能真正表达。

第二节 模 糊

在师生沟通中，有时会因某种原因不便或不愿把自己的一些意见明确地表达出来，这时，教师就可以采用模糊的语言技巧，把输出的信息"模糊化"，使沟通留有余地，巧避锋芒。

当教师对学生的一些事情的真相尚未了解清楚，特别对突发事件的前因后果尚不明朗时，运用模糊语言能给教师留下主动性和灵活性。

例如：

有学生反映班上一对男女同学像是在"早恋"，老师在没有彻底弄清情况前，没有急于作出反应，只是对反映的同学说："我也注意到了一些反映，不知是否真是这样。请你们不要再谈论此事，不管怎样，我会按照我一贯的原则来处理好的。"

老师表面上的轻描淡写和模糊说法，避免了学生把事态再扩大，有利于今后教师谨慎、正确地处理此事。

模糊有时也是为了照顾对方的自尊，尤其是批评性的语言。

例如：

教师在班会上讲评学生问题时，一般都这么说：

"绝大多数同学是好的，少数同学还存在问题，个别同学特别差。"

这种说法一方面保护了存在问题同学的自尊，同时又对他们起到了提醒、敲打的作用。

模糊有时还是为了避开某些敏感的问题。

学生问班主任老师："你觉得教我们班级的任课老师中谁课上得最好？"

老师答："各人有各人的特点吧。"

又如：

学生问："老师，您是不是最喜欢我们班的某同学？"

老师答："是好学生老师都喜欢。"

值得注意的是，模糊不等于糊涂。糊涂者思路杂乱、逻辑不清，而使用模糊语言者的思路是清晰的，目的是明确的，语言本身也符合语法逻辑。当然，大多数情况下沟通的语言需要明确，模糊表达只是在一定情境下的权宜之计。

模糊性的语言避免了对尖锐问题的直接回应，体现了温和的语言特点，给学生以平等和尊重，是处理师生关系的有效策略。

第三节　亲和力

一般来说，任教时间较长的老师喜欢用权威性的语言，命令的口气，达到对学生的威慑作用。但是对于新老师来说，为了树立权威而对学生板起面孔，反而会引起反面效果，这时，应该多注意语言的亲和力，树立大哥哥大姐姐的形象，这样做更能使学生与自己亲近，师生关系相处融洽。

一位高中新班主任的任职演说就充分运用了有亲和力的语言：

同学们，你们都很年轻，但我也比你们大不了几岁。看到你们，使我马上想起了自己的中学时代，那时我就在离你们学校不远的某某中学上学，每天都要路过你们学校，所以我对你们学校本来就挺了解的。我做学生时，也有毫无节制地看武侠小说、经常和老师顶嘴等缺点。对于老师和家长的教诲，我总是觉得他们太啰唆，但现在想想有点后悔，因为知道他们是真正为了我好。有空时我想给大家讲讲我做学生时的一些经历，也许对你们的成长会有点启发。

我跟你们一样，有很多爱好。我喜欢唱歌、打球、上网，有时候还会看看漫画书。上大学时，我是学校合唱团和系篮球队的队员。我最喜欢的歌星是周杰伦，也觉得现在流行的街舞挺好看，更喜欢看 NBA 的球赛。只要你们先把功课学好，我会在业余时间和你们一起搞各种活动。

今后，在和你们相处的日子里，我不但会在学习上帮助你们，还会和大家同忧共患。如果你们心里有什么解不开的疙瘩，尽管来和我谈。因为我相信，我不但会成为你们合格的班主任，还一定会成为大家最好

的朋友!

听完这番话,同学们的脸上都露出了欣喜和兴奋的神色。这位班主任也兴奋地体会到,自己和同学们的第一次沟通成功了。从这位班主任的就职演说中,我们可以看出形成亲和力的几个因素。

首先,"物以类聚,人以群分",这位教师在短短的几句话里,涉及了文艺、体育等多方面年轻人喜欢的热点。同时,通过对自己的经历、特长、爱好以及年龄、籍贯、毕业院校等的介绍,使学生感到教师的许多方面与自己有共性,心理距离已经不知不觉地拉近了。这个道理其实一般人都明白。但是,能否有意识地、主动地、熟练地运用好,又是一件不容易的事。

其次,适当暴露自己的缺点。社会心理学家的实验表明:在人际交往中,最受欢迎的并不是那些看上去能力很强,又表现得天衣无缝、滴水不漏的人;而是那些能力强,但偶尔又犯一些无伤大雅的小错的人。因为他们是"人",而不是"神"。这位教师在注意正确导向的前提下提到了自己学生时代的一些小缺点,使学生感到这位教师确实很真诚,值得自己信赖。心理学家发现,人际沟通中人的有些缺点实际上属于可爱的"缺点"。例如:对"隐私"的理解比较宽松,愿意主动,但也适度地告诉对方自己的一些家庭、爱情、年龄、收入等方面的情况;在经济方面不是太精明,用钱时并不斤斤计较;天真,富有孩子气,人情世故方面有点幼稚等。

最后,主动表达交心愿望。这位教师最后对学生的一番表白热情洋溢、发自肺腑,使得年轻的学生们不可能不被感动。这种感动主要来源于教师表达出的主动沟通愿望。许多人的沟通立场是:你怎样对待我,我就怎样对待你。无疑,这是一种以自我为中心,而且较为被动的沟通立场。从事着"教书育人"崇高职业的教师,应该信奉的是更主动、更高层次的沟通立场:我想让你怎样对待我,我就先怎样对待你。当然,营造亲和力来源于教师对学生发自内心的热爱,而决不是无原则的阿谀迎合或矫揉造作。

第四节　间接性

心理学的研究表明，人们的认知和情感有时并不完全一致。在师生沟通中，教师的有些话虽然完全正确，但学生却因碍于情感而觉得难以接受，因此，直言不讳的效果一般不太好。如果教师把话语磨去些"棱角"，变得软化一些，使学生在听到话语时仍感到自己是被人尊重的，学生就能从理智上、从情感上接受你的意见。

一、委婉

被誉为"当代牧马人"的曲啸老师一次到某市监狱为年轻犯人作报告，报告的题目是《认罪伏法，教育改造》。报告之前，曲啸老师绞尽脑汁地进行准备。报告一开始，曲啸老师称呼大家的是："触犯了国家法律的年轻的朋友们……"这个称呼立即引起了全体罪犯的强烈共鸣，有的当时就掉下了激动的眼泪。

曲啸的这种语言可谓是"委婉称呼"的妙用：由于对这些年轻的犯人既不能称"同志"，又不便直接称"某某罪犯"。因此，使用这些委婉的称呼既明确了对方的身份，又起到了缩短双方心理距离的作用。

在向学生表达一些否定性的意见时，教师如果能使用委婉的技巧，就会使学生更容易愉快地接受。以下列举几种具体做法：

1. 使用一些语气词

例如，试比较"你不要强调理由！"和"你不要强调理由嘛！""快

对老师说实话!"和"快对老师说实话吧!"

用"吗、吧、啊、嘛"等语气词,可以使人感到你的说话口气不那么生硬。

2. 灵活使用否定词

例如,把"我认为你这种说法绝对错了"改为"我不认为你这种说法是对的",把"我觉得这样不好"改为"我并不觉得这样好"。这样说话能把同样的意思表达得不那么咄咄逼人。

3. 以问代答

一位班主任在听取班委有关春游活动的组织计划汇报时插话问:"为什么每个同学的经费预算这么高呢?能否再节约一点呢?"以询问的语气来表达自己的意见就显得比较温和而不强加于人。

使用委婉语言的技巧是一方面要选取对方最易接受的角度,另一方面也要看对方的特点,因为不同年龄、素质的学生对语言的理解推断能力是不同的。

二、含蓄

在师生沟通中,有时因某种原因不便把某一信息表达得太清晰直露,而要靠对方从自己的话语中揣摩、体会出里面所蕴涵着的真正意思,这种"只需意会,不必言传"的手段就称为含蓄。含蓄是教师高雅、有修养的表现,也经常表示出一种对学生的尊重。学生的年龄越大、文化程度越高,教师使用含蓄语言的频率也会越高。含蓄在师生沟通中经常起以下几方面的作用。

1. 表达观点

一位大学生向心理学教师咨询,说他和一位女同学感情很好,可其他同学都说那位女生虽然品学兼优，但相貌平平，配不上他。为此，他心里非常矛盾。教师觉得这类事很难明确地表示意见，因此，只是问那位学生："你知道这句名言吗：'人不是因为美丽才可爱，而是因为可爱才美丽'？"学生玩味着老师的这句话，心里似乎有了主意。

2. 巧避锋芒

有时师生之间在某些非原则性问题上有不同看法，或者为了避免公开发表教师目前并不想发表的意见，教师可以用外交辞令式的含蓄语言以暂时回避，让学生留有保持自己意见的余地，也可避免引起不必要的冲突。

一位教师在全班学生面前介绍一位因犯错误而刚来报到的学生时，巧妙地说："由于大家都知道的原因，某同学终于在今天回到了自己的班级……"这种说法既不伤这位同学的面子，也没有被全班同学误解为包庇行为，还包含着对这位同学"浪子回头"行为的欢迎之意。

3. 暗示批评

有时含蓄的话语是为了对学生的不良行为旁敲侧击一下，引起其注意，但又不太伤害他们的面子。有几位学生在其他任课老师的课上捣蛋，课后，班主任找他们谈话。班主任只是说："班级打算开一次'尊师演讲会'，就请你们几位准备好上台演讲，作精彩的表演。"几位学生一听都脸红了，感到难为情，最后主动向老师认了错。

4. 美化语言

师生沟通中如果必须讨论到一些青少年不宜直接谈论的内容时，教师可用含蓄的语言让谈话不失于粗俗。例如，用"天才仓库"代替"精子库"的说法，用"失过足"来代替"坐过牢"等说法。当然，使用含蓄的语言首先要考虑学生的理解力。

第五节　沉　默

　　在师生沟通中，教师有意识地保持适当的沉默，也是一种重要的技巧。在师生面对面的交谈中，如果学生心有旁骛，注意力不集中，教师的沉默能起到一种提醒、集中学生注意力，迫使他们认真参与谈话的作用。在与学生带有说服性质的谈话中，教师的适时沉默会体现出一种自信心和力量感。因为沉默能迫使对方说话，而缺乏自信、心虚的人往往害怕沉默，要靠喋喋不休的讲话来掩饰内心的忐忑不安。

　　教师有意识的沉默也是一种有效的批评方法。一个学生迷上了电脑游戏，有时还缺课，家长也拿他没办法。一次，班主任总算在一家电脑游戏房里找到了他。看到他后，班主任一言不发，只是用严肃的眼光默默地盯着他看，学生感到心里发虚，闷声不响地跟着教师回学校去了。路上，两人谁也没说一句话。以后的几天里，班主任也没有找那位同学谈话，可是学生自己却一直心事重重。一个星期后，这个学生自己憋不住了，他主动找到了班主任："你什么时候批评处分我啊？"教师说："现在你不到游戏机房去了，让我批评你什么啊？"这时，学生才如释重负地笑了。事后，这个学生对别人说："如果当时老师骂我一顿，我可能很快就忘记了，可老师越是不吭声，我自己心里想得越多。也许我一生都不会忘记当时老师的那种眼神。"

　　沉默时表情要严肃、眼神要专注，使学生在沉静、严肃的气氛中感觉到教师的不满和责备，产生一种心理压力，并在自我反省中检查领悟自己的不足或过错，从而达到"无声胜有声"的效果。当然，运用这种方式要把握时间的长短，要适可而止。

　　教师跟一些经常沟通的学生，如班干部等，在沉默中传递眼神互相已达到了"心有灵犀一点通"的地步。因此，这种无需多言的沟通方式能大大提高师生沟通的效率。

第四章
优秀教师的沟通技巧之态度

有一句话说得好："态度决定一切。"教师以什么样的态度面对学生，决定着学生的成长；以什么样的态度对待工作，决定着工作的成败。教师沟通的主动性体现在态度之中。首先要善于观察，拥有一双慧眼，能够主动体察到学生的内心世界，教师在进行教育教学工作的同时，要时刻对学生进行察言观色，这有利于教师更好地实施教育教学工作，更好地了解、关爱学生。这对建立良好的师生关系起着至关重要的作用。其次要学会倾听，能够用心倾听学生的声音是一种智慧，更是一种责任。善于捕捉来自学生的哪怕极其微弱的信号，并给予足够的重视和恰当的处理，这会使你的教学活动更和谐、愉快、有效。另外，在沟通过程中，教师还应该保持微笑，打破对学生错误的思维定势，并且懂得激励学生，这些都有利于沟通的良好开展。

第一节　善于观察

善于观察要求立足于现实，它要求教师除了观察不同班级里的生活和学生的个别行为之外，还要总结日常教学过程中的经验与教训。我们有必要认识到，学生行为不当、讲授过程中时间的无意义耗费，其他一些令人失望的事端发生等，究其原因并不一定是我们准备得不充分或缺乏努力。通常，教师无法控制或阻止它们的发生。实际上，教学过程中的很多收获并不是源于教师的努力，而是源于各种意外事件。所以，做到善于观察要注意以下几个方面的内容。

一、识破言不由衷的谎言

学生小吴因为好几科作业都没交，班主任找到了他，问："你为什么没交作业？""因为……因为昨天晚上我奶奶生病了，家里又没有人，只好让我去陪她打吊针。"小吴虽然说得振振有词，但眼睛却看着地面。"真的吗？那么你看着我的眼睛说话！"小吴眼睛还是不敢正视教师，教师心里已经明白了。她想，对这个父母双亡、生长在特殊家庭的孩子再也不能掉以轻心了。

新来的班主任老师问小磊同学："这次考试你两门不及格，你父母知道了吗？"只见小磊触摸了一下鼻尖，眼神快速地飘荡后慢慢地吐出话来："知……道……了。"经验不足的教师再也没问下去。可是，一

个星期后，学生来告诉老师，小磊因为涂改成绩单被父亲发现，今天被狠狠地揍了一顿，所以不敢来上学！

从以上的两个实例中我们可以认识到：①"貌合神离""口是心非"是师生交往、沟通过程中学生常有的现象；②能顺藤摸瓜、探明学生真正心迹的"蛛丝马迹"，往往是学生表现出的体态语言；③教师应该学会一点"识人之术"，逐步具备对学生"明察秋毫"、独具慧眼的能力。

观察学生的能力也许可以通过教师工作中经验的累积来获得，但如果能重视这种敏感度的训练，学会一些识别学生体态语言的原理和方法，再加上结合工作实践多加揣摩和总结，这方面的能力可能会提高得更快。

教师要识别学生是否在说谎，最根本的在于对学生的全面了解。科学家们的研究显示，人们最没办法说谎成功的对象就是自己的父母。因为父母太了解自己的孩子了。孩子一出生就和爸爸妈妈进行着无数次的身体沟通，小孩子的一个眼神、一个轻微的举动，甚至上下楼梯、开关门的声音，如果有什么异样都瞒不过父母。教师虽不可能像父母般了解学生，但平时多从侧面注意每个学生的表现是完全可能的，在此基础上，再"察言观色"，就会有十分的把握识破伪装的谎言。

首先，说谎学生的姿态中会不自觉地流露出摸摸嘴唇、摸摸鼻子、抠抠眼皮等手脸组合动作，同时眼睛不敢直视对方。这些手脸组合接触和思考姿态与自我抚摸不同，几乎都是以"蜻蜓点水"的姿态瞬间划过脸部，目的只是在拦着自己的嘴巴、眼睛可能透露的真实讯号，避开旁人判别探究的眼神。戴眼镜的人还会做多次把眼镜拿下再戴上的动作。不过，随着学生年龄的增长，这些明显的手脸动作会稍加修饰，变成以指尖轻触口、鼻、眼，或以捂着嘴巴等方式表现出来。

其次，说谎的学生常常会由于紧张而出现说话结巴、口干舌燥、脸红、心跳加速、不寻常的冒汗等生理变化，尤其是平常不太说谎的学生更是如此。有的学生还会以频频点头、鼓励对方多说话来掩饰自己的

优秀教师的沟通技巧

不安。

另外，说谎的学生也可能附带着抱胸、握拳、不愿与你正面相对等防卫性姿态，他们正想避免自己被套出话来。而且，他们倾向于将自己的手、脚隐藏起来，表情尽量保持镇定。他们喜欢坐在桌椅等隐蔽物后面以寻求安全感、隐蔽感。

二、觉察心怀抵触的信号

由于学生对教师心怀抵触的强度不同，因而学生的行为也有程度的不同。对教师来说，最重要的是能够发现这类信号，从而有效地调整自己的沟通策略。

斜眼瞥视一般是学生对教师表示怀疑、疑问和不信任态度的表现。有些戴眼镜的学生此时还喜欢从眼睛上方窥视，好像要把对方的一言一行"看"得更清楚一些。有些学生还可能用食指触摸或轻轻地擦鼻子。这种动作与因鼻子发痒或表示反对、否定的意思而用力擦揉鼻子不同，它显得装腔作势，有时还很优雅，并伴随着身体动来动去等姿态。还有些学生碍于当着教师的面不敢明显地表达不满或厌烦的感受，会用脚摩擦着地面来回地踢，好像要把不称心的事情踢掉。如果学生把身体稍微移开、略以侧身对着教师，头部不倾斜反而伸直、背脊挺立，双手交叉在胸前，还有些胆子较大的学生不时望望天花板，看看手表，甚至把眼神直盯着房门时，说明学生对你的抵触情绪已较为严重。假如教师未能敏感地捕捉和重视这些信号，继续自顾自地责备、刺激这些学生，这些学生的抵触情绪就会进一步发展。

如果学生表现出头略往后仰、鼻孔朝天的姿势，呼吸急促，或下意识地把握紧的拳头插在口袋中，交叉藏在手臂和腋下或放在背后，甚至有些胆大的学生双手叉腰，或双臂分双手抓住桌边，表现出一种敢于挑战权威的姿势时，聪明的老师就应该保持理智，紧急地进行沟通策略调

整，以免出现困窘的场面。否则，一场正面的冲突也许不可避免。

三、判断认真思考的程度

教师发出的信息能否引起学生的认真思考，是师生沟通是否有效的一个重要前提。因此，判断学生是否在真正思考十分重要。

手撑着脸颊是一种表现出沉思、兴趣和注意力的典型姿态。如果学生在和你谈话时用一只手或双手撑着头部、身体向前倾靠，有时还稍稍眨眨眼睛，这说明他对你所说的内容很感兴趣，并且双方的想法正在趋向一致。

但有时学生会把一只手放在脸上，手掌把住下颚，然后拇指伸到面颊上，其他手指都放在嘴边，身体略向后移离对方远一点，这说明他可能对你的说法持某种批评性的评估态度，或者是有某种想法正好与你相反。

头部倾斜、洗耳恭听一阵子后，用手抓抚下巴，通常是用大拇指和食指，这种姿态在全世界都认为是表达"很好，让我考虑考虑"的意思。年龄较大的学生在做决定时会采取这种姿态。伴随这种姿态的脸部表情往往是调眼斜看，好像是要从远处看出问题的关键在哪里。

如果学生在思考时伴有吮吸大拇指，年龄稍大一些的有撕咬指甲、钢笔或铅笔的行为，说明教师这时如果能及时给予学生一定的支持和保证，他们就会较快地做出正确的决定。

四、捕捉接受合作的信息

"沟必求通"，师生沟通的目的和理想状况应该从互相理解到达成共识、形成默契。接下去，当然以贯彻教师一方的意图为主。因此，在师生沟通中教师要一直观察对方的体态语言，随时捕捉他能否合作的信息，不断调整自身的言行，特别要避免在对方已有积极合作意愿时被自己"画蛇添足"式的言行加以破坏。

如果对方当时是采取坐姿，那么坐姿改变、全部移向椅子前端，再配上充满希冀的眼神，明显指向教师的肢体语言，则无疑是一种热切愿意合作的信号。

手放在脸颊上，这个姿势代表的意义很多，从表示无聊到评估对方都有可能，但如果评估之后他对你有好感，这种姿势也可以被看作是表示某种程度的合作的态度。这些调查表明，如果一次会议上有 10 个人坐在椅子上，都翘着腿，其中有 5 个人手摸着面颊，这些手挨着面颊的人往往比较愿意与会议的组织者合作。

挨近教师，也是一种接受、准备合作的表示。师生谈话时，当学生对话题有兴趣，并越来越热衷时，他们的身体会不知不觉地靠近教师，而且说话的声调也跟着提高。

有人还观察到，在坐着交谈时如果你的说服材料已用始尽，而对方仍然没有任何明确的口头表示的时候，你可看看对方是否有以下小动作：①手腕很放松，没有握拳；②手掌张开，放在桌上；③拿开桌上的障碍物；④用手托着下巴。如果有以上的手部动作，即表示对方已在心里有肯定的意思。

以上列举了师生沟通时学生一些典型的行为，教师在透视学生的行为时还必须注意：①不能只观察学生一些个别的行为，而必须注意他们的口头语言是否与行为一致；②行为所表达的意义可因地、因人、因时、因文化背景的不同而不同，还有一些纯粹是个人的习惯，所以必须仔细区分清楚；③由于师生关系中双方角色的固定性，学生的体态语言中一些高强度的消极动作一般不敢明显地表露出来，而会更多地倾向于掩饰、伪装自己。因此，教师的心应该比一般人更细，观察力应比一般人更敏锐，敏感度应比一般人更高。

第二节　学会倾听

　　在教育过程中，老师的说与听是同等重要的，从某种意义上说，听有时比说更重要。可在现实中，教师的语言充斥了整个课堂，甚至充斥了师生交往的所有空间。我们要学会做一个具有倾听意识和习惯的老师，学会给孩子留足表达的时间，学会带着朋友般的热忱与亲切来倾听学生的倾诉；善于触摸到孩子情绪的温度，善于听出弦外之音、言外之意；能发现谬误蕴含的新奇，琐碎中寄予的真切，荒诞中包含的合理，我们就一定会听到孩子思想抽穗、情感裂变、知识拔节的声音。

　　倾听是一种等待，在倾听中交流，在倾听中沟通，最终实现教学相长。因为教学过程是师生交往、共同发展的互动过程。一个教师能否有效倾听学生的发言，不仅对师生间的沟通，甚至对于学生潜能的开发、良好课堂气氛的创造，都有着重要意义。

　　倾听有利于教师建立良好的师生关系。教育学认为：教学活动既是以传授知识和吸收人类间接经验为主的实践活动，也是特定的情绪中的人际交往活动。因此，每一节课都是师生双方情感体验的过程。教师要充分相信学生、尊重学生，和谐的师生活动是学生主动获取知识的情感基础，良好的师生关系可以转化成学生学习的动力，使学生体会到成功的喜悦，可激发学生产生自信、自强、奋进向上的决心。倾听本身就是褒奖对方谈话的一种方式，是接纳对方，尊重、理解对方的具体体现。

　　倾听有利于调动学生间的思维碰撞。"思维是地球上最美丽的花朵"，为了发展学生的思维，教师必须不断改进教学方法，耐心倾听学生在课堂上的评价和争论，这也是重视、保护、发展学生主动性、积极性的一种教学策略。新型的学习方式意味着教师角色的转变，教师要由一个单纯的知识传授者转变为学习活动的积极的旁观者、有效的组织者和理智的引导者。

在教学中，教师不仅要鼓励学生敢想、敢问、敢说、敢辩论，使学生形成敢思、善思的良好习惯，而且还要耐心倾听学生的发言，因为教师唯有耐心、细心、充满爱心地倾听学生心声，才能把握学生的脉动，并敏锐地捕捉和把握住学生与文本间的差异、学生之间的认知差异，来积极地创设能使学生间思维互相碰撞的情境，有的放矢地进行指导，从此来促进学生思维能力的发展。

教师只有善于倾听学生，适时调节自己教学，才能扮好自身的角色；只有善于倾听，才能正确判断学生在想什么，为什么会这么想；只有善于倾听学生的言语，才能正确地判断出学生对知识的掌握程度，才能够对症下药，教学效果才能够真正地达到预期的效果；只有善于倾听，才能在学生回答不正确、语言表达不清楚的地方予以及时指出并进行正确分析。

"善于倾听"是一种优秀的能力和习惯，不仅学生要"善于倾听"，教师也要有一双善于倾听的耳朵，有一颗能听懂学生的细腻的心。教育是塑造心灵的艺术，"如果教育者希望从一切方面去教育人，那么就必须从一切方面去了解人"。从这个意义上说，真正的教育必然是从心与心的对话开始的，而心与心的对话又是从真诚的倾听开始的。不会做一个真诚的倾听者，那么你也就绝对不会成为一个合格的教育者，因为教育的过程就是教育者与受教育者相互倾听、相互应答的过程。倾听是理解、是接纳、是期待、是分担痛苦、是共享快乐，这本身就是一种智慧。

教师在倾听的同时也要适时反馈。倾听是一种双向交流的过程，不仅讲者要陈述自己的观点，听着也要有适当的反馈。教师可以通过姿态、眼神及面部表情等体态语言来对学生的表达进行反馈，也可通过简

单重复、适当升华等语言评价来反馈。有时可以用面部表情、各种手势来表示感情。有时，对学生的一个真诚的微笑就如同说："我关心支持你。"竖起大拇指代表胜利的手势，放松的动作或简单的招手等，都可以把承认、接纳和关心的信息传达给学生。此外，当学生的行为使教师愤怒，使老师感到伤心时，教师应尽可能真诚和坦率地说出自己的感情，包括具体说明自己生气的行为及其确切的后果，以及后来教师有什么感受等。如老师可以说："上课时你们讲话（令人讨厌的行为），打乱了我的讲课（后果），我感到很痛心（情感）。"教师表达的这种信息在师生之间形成了一种亲切感，没有强制的味道。

倾听是一门艺术，倾听是一种修养，倾听更是一种智慧。古诗曰："风流不在谈锋健，袖手无言味正长。"倾听本身是一种教育，即使你没给学生什么指点或帮助，但有了你的倾听，你便在心灵上给予了学生十分丰厚的精神馈赠了。教师要多倾听学生的对话，多倾听学生的表白，倾听学生的坦然吐纳，倾听他们的心声，走进学生的心灵，解读孩子的所思所想所为。德国教育家第斯多惠曾说过，教育的艺术不在于传授本领，而在于激励、唤醒和鼓舞。

一、教师倾听中的不当行为

听学生讲话时心不在焉、三心二意，往往是师生沟通失败的重要原因。在通常的人际沟通中，我们常常遇到这样的情形：当我们想向别人倾诉心声时，对方却往往急于发表意见或下判断。试想，作为教师的你，在倾听学生说话时，是否不经意地坠入以下的陷阱。

1. 说教和训话

例如，学生说："老师，我一点也没有去碰小豪，他却无端把我推倒在地上！"老师说："你们成天在吵架、闯祸！我早就讲过你们女孩子

优秀教师的沟通技巧

不要与男孩子在一起玩，因为在一起玩就会有冲突，而且这些冲突让我好心烦！"

2. 过早指导

例如，学生说："我讨厌小军整天取笑我。"老师说："你可以避开他呀！或者你当作没有听见这些话。"

3. 放错重点

例如，学生说："小惠最近好像讨厌我，不愿意跟我在一起玩。"老师说："你看小惠最近喜欢和谁一起玩呢？"

4. 打断话柄

例如，学生说："我升到初三后，学校有好多测试，我常常觉得紧张，我……"老师说："我以前遇到考试的时候也是好紧张，不过，要升学嘛，总得拼搏一下的嘛！你不会有事的啦！"

5. 表面关注

例如，学生："老师，不知道为什么我看到化学老师就感到紧张、害怕，我很不愿意上他的课，他太凶了！"老师："哦，我知道了！"

以上几种方式是教师与学生沟通时经常发生的错误。此外，还有以下几种倾听的习惯，是我们力求要避免的：①当学生讲话时，急于表达自己的反应；②在学生讲话的时候，注意力不集中在听对方的话语上；③听学生讲话，不断比较与自己想法的不同点；④打断学生的讲话；⑤当学生讲话时谈论其他的事情；⑥仅仅只听那些自己想听的或希望听的内容。

倾听学生讲话不是教育本身的目的，倾听的真正目的是培养学生解决问题的能力，培养学生的独立性和自主性，培养学生自信、自爱等重

要的心理品质。如果教师和父母使用沟通的"杀手锏"如命令、警告、训诫、讽刺、责难等语言，往往会导致学生的反抗，然而，学生还有一个常有的反应是变得顺从、依赖和沉默。

有较多教学经验的教师可能会有这样的体会：在班级中，有一些被称为"教师的小绵羊"的"乖学生"，他们对教师唯命是从，除了积极完成学校"正规的"学习任务外，没有自己的思想，也从来没有想过独立地去探索教师要求之外的有趣领域。这些学生通常会担任班级中的干部。还有一部分学生平时非常安静，但他们的心并不安静，并且常常脱离教师对他们的要求。美国教育学家杰瑞·法伯在一篇论文中指出，这种学生是教师使用了沟通的"杀手锏"后所出现的后果，在大学中也存在。他说："……他们念了12年的中小学，到了大学时，他们能够服从命令。他们写作，就像他们的头脑经过了切割的手术一样。他们因为得到教师太多的服从性指令而变得极度的依赖。"

这些沟通的后果是违背教育本身初衷的。我们教育的目的是为了启发学生的潜力，是为了帮助学生激发他们本身固有的创造力和思维活力，是为了帮助他们成长为一个自信、自立的人。我们的教育目的不是培养学生的依赖性和服从性。但是，即使我们明确了教育目的，却对学生使用种种沟通的"杀手锏"，在最终的效果上还是违背了教育目的。教育目的是为了开启学生的潜能，培养学生的能力，不是扼杀学生的智能和创造力。

为什么教师即使了解教育的目的在于培养学生的能力，却在与学生的沟通过程中经常使用不正确的沟通方式，造成与教育目的不一致的后果？其中一个重要的原因是教师不愿意倾听学生讲话。当学生提出问题时，当教师希望学生出现教师所期望的结果时，或者教师在传递一个教育内容时，教师通常认为所有教育的预期效果都取决于教师本人。换句话说，教师在整个教育过程中，将师生之间本来应该共同承担的责任，全部归到教师单方面来承担。在这种观念的引导下，教师在与学生沟通时，会将注意力放在发现学生问题并急于解决这些问题上——他们将学生的问题归结到自己的教育方式上，因此会急于给学生提供解决问题的答案，或者会急于直接"命令"、"要求"学生"应该"怎样来处理这些问题。

这种与学生沟通时所基于的心态，我们将它称之为自我中心意识。它是这样的一种意识状态：在与学生沟通时，从自己的愿望和主观判断出发，希望尽快出现自己所期望的结果，希望学生完全处于服从的地位来接受教师的影响。这种沟通是从教师单方面的主观愿望和教师权威意识出发的。基于这种意识的沟通给学生造成的后果是让学生产生一种无助的依赖性，不成熟与稚气。教师与学生在沟通时，不求培养学生的责任心，却对各年龄阶段的学生严加命令与控制，好像他们根本不足以信赖，也永远不能承担责任一样。如果学校不鼓励学生的独立性，实际上就是在促进学生对教师的依赖。

具体说来，教师不愿意倾听学生讲话的原因有以下一些：①只关心学生的行为结果，不关心学生的心理过程；②不喜欢讲话者或其所讲的内容；③认为有许多事情要做；④不明白倾听的用途；⑤有太多分心的事情，很难集中精力倾听；⑥倾听学生仅仅是为了教训学生。

学生在他们成长的过程中会遇到种种问题。事实上，学生是在这种靠自己来解决问题的过程中逐渐成长的。这些问题的存在本身是正常又合理的，重要的是学生要在教师的引导下去积极地解决问题。在师生沟通中，教师要明确问题的发生是学生应该承担的责任，还是教师本人应该承担的责任。如果应该是学生承担的责任，教师就要帮助学生树立"这个问题我要自己来解决，我可以通过努力来解决自己的问题"这样的意识。这种意识称为"问题归属意识"。学生如果能够逐渐、主动地来把握他自己的问题，并自己想办法去解决这些问题，他们就会从中逐渐学会积极面对自己成长中的挑战，学会相信自己的能力并为自己能够独立解决问题而勇于承担责任。在这样的独立意识引导下，学生变得信任自己，信任自己的责任感，也同时会感谢教师对他们的信任。在这个过程中，他们就能够养成自信、自主和独立性。帮助学生确立"问题

归属意识"，是教师倾听的价值所在。

二、教师在倾听中需要注意的方面

教师在对学生积极倾听时，最关键的态度是保持中立，即对学生所表达的一切既不反对，也不赞同。在以下这些情况中，教师可以使用积极的倾听技巧：①为了从学生那里获得更多的信息；②当学生谈论他们个人的情绪、感受、观点和事情时；③为了给学生启发和支持。

积极倾听的技巧包括以下几个方面：

1. 专注行为

专注行为的目的是表达教师愿意倾听及接纳对方，专心地与对方同在，促使对方与自己建立信任感。专注技巧包括维持良好的视线接触，但不宜瞪眼直视，令对方感到有些敌意或受到惊吓。轻松自然的身体姿势，表示愿意倾听并鼓励对方谈话。双方保持适当的距离，太接近可能令人产生压迫感，太远令人感到不被接纳或不愿交谈，判断适当的距离要视双方的关系而定。上身稍微前倾，以表示对对方的专注和有兴趣继续倾听。用非语言信息传送接纳的态度。例如，交叠双手或双脚的姿势，容易给人一种拒绝参与的感觉；相反，一个友善、微笑和轻松的表情，通常表示接纳和有兴趣倾听对方的意愿。用适当简短的反应表达尊重、了解的态度。例如，用点头表示"我明白""请多讲一点"等意思。

2. 简述语意

用简洁及扼要的语言把对方的主要观点和对它们的理解简要、概括地复述出来。这样可以令双方加深印象和了解，让对方感觉到他是被接纳的，从而增加彼此的信任。简述语意的主要要求有以下几个方面：①留心细听对方说话的意思；②在对方讲话的时候，试着从对方所有的信息（包括说话内容、面部表情、身体姿势及当时情况等）去了解他说话背后的含义及当时的感受；③以简洁而同意的言词回应。了解了对方说话的意思后，要用自己所理解的话语回应给学生。

3. 善于提问

提问的目的是为了帮助教师从更全面的角度去了解学生，给学生一个自我了解和内省的启发。

（1）问开放式问题。开放式问题是指提出的问题没有一个简单的答案，回答时没有固定的模式和规则，可以沿着这个问题所提供的话题，充分地提供细节和信息。与开放式问题相对应的是封闭式问题。它是指对所提出的问题只有一个答案，不能表达更多的细节和信息。在提出开放式问题的时候，避免用"为什么"开始的问题，例如："你为什么迟到？"学生对这样的问题容易产生防御心理，不愿意给予教师想要的信息。当学生在讲话时，应用认同的技巧表示教师在听，并鼓励学生讲下去。可以用点头、附和声以及身体语言对对方表示认同。

（2）作出积极倾听的答复，用自己的语言把学生所讲的意思用感觉表达出来。当教师做出积极倾听以后，可以稍稍停顿一下，让学生能够有时间思考教师所说的话并决定如何反应。因为积极倾听的应答会激发出更加深思熟虑的反应。这中间可能需要几秒钟来反应，需要有耐心。

4. 用简洁具体的语言来回应

教师在倾听的过程中，一定要用简洁具体的语言来回应。简洁具体的意思是教师回应给学生的语言，用字措辞不仅要适当，而且还要简单和清楚，力求避免含糊不清、模棱两可的用语。这样的回应可以有以下3个作用：①使教师的回应和学生的感受、经验更加接近；②促使教师对学生有准确的了解，让学生可以在最快的时间里对错误的地方做出修正；③鼓励和帮助学生透过不断对自身的了解，对自己有更清楚的认识。

　　在倾听学生的过程中，教师的回应要简洁具体，目的是帮助学生去清楚地了解他们的感受和经验。作为教师，通过积极的倾听，帮助学生避免使用一些太普通、太抽象的词，如"很小心""很马虎""很认真""很仔细"等字眼。因为这些字眼所包含的意思通常非常含糊，要求不明确，对于每个学生来说会理解成不同的意思。比如说，"做作业时很仔细"的意思可以理解成"完成作业的态度要认真"，也可以理解成"作业做完以后认真地检查"，而且即使学生知道了"很仔细"的含义，但是紧接着的一个问题是："什么叫认真？"学生只能从这些字面上来模糊地感觉，但是不一定能够解决真正的问题。

　　因此，教师在回应学生时，尽量使用具体、清楚、准确和特殊的字眼，以帮助学生清楚分辨不同的感受和经验。同时，教师应该针对学生特殊的、独一无二的个人化的情况来回应，这样才能帮助学生对问题作进一步深入、准确的探讨。可是，许多教师在对学生回应时，习惯于使用普通化和标签化的词汇，结果使这种倾听不能带来积极解决问题的效果。

　　在倾听时要做到身体和心理的参与。以轻松自然的坐姿、眼睛的频繁接触面对讲话的学生，用点头或适当的评论来显示你在跟着对方的思路在思考，同时，身体稍稍朝前倾斜，表示你在集中注意力倾听对方讲话。不要交叉双臂，也不要翘起腿。不要依仗教师的权威感和优越感来倾听学生的谈话。要注意是为了理解去倾听，而不是为了评价去倾听的。

　　在倾听的过程中，教师不要轻易给学生下断语，而是注意去倾听学生讲话时的思考系统和表达系统，在这个过程中，不要评价，暂时放弃自己的价值观和立场，尽量无我地进入学生的内心世界，并正确地过滤信息。如果教师不敢肯定自己所听到的或理解的是否正确，就需要检查一下，学生能够感受到教师的这种关注。另外，教师给予自己时间去思考，不要觉得讲话的学生一停下来，就得有所反应。集中注意力能够提高倾听的效率。其中的关键是：给予讲话者时间去讲完他的内容；让讲话者不间断地讲完；抓住重点；给出非语言信号（如点头、眼睛接触、赞同声），表示在倾听；记住讲话者所讲的内容。

第三节　保持微笑

　　教育是心灵交流的艺术，而微笑是所有的交流中最有力的语言。它展示着一种胸怀，表达着一份信赖，传递着超越语言的理解和关怀。德国哲学家康德说过，人是能够笑的动物。会笑，是人与动物的区别之一。微笑是人的积极肢体语言的集中体现。当一切顺心如意的时候，微笑是一种本能；当面对困难考验的时候，微笑则是一种修养，一种毅力，一种精神。在学校，孩子的生命成长，总是一个交织着痛与快乐的过程。很多时候，我们带给孩子们的微笑更多的是出于一种情绪本能，一种职业自觉。但是，作为一名成功的教育者，我们更应该做到的是，在逆境中——无论是自己处于逆境，还是孩子遭受挫折，都能够始终报之以微笑。

　　教师微笑，不仅可以调整自己的心理状态，还能培养学生健康愉快的心理。教师用微笑增强自信，用微笑显示青春的活力和朝气，用微笑调节师生的心理状态，用微笑协调师生关系，用微笑转变学生的不良习惯，用微笑让学生愿意与之亲近……教师的微笑不只对学生的教育有利，而且对教师自身也很有益。教师的微笑拥有无穷的教育魅力。教师微笑着面对学生，能给学生一种宽松的师生交际人际环境，能使学生感受到教师的理解、关心、宽容和激励。教师的微笑是腼腆学生的兴奋剂，使他们得到大胆的鼓励，敢于表达自己；教师的微笑是外向好动学生的镇静剂，使他们得到及时的提醒，意识到自己的言行需要控制和自律。教学工作中教师的微笑能够活跃课堂氛围，活跃学生思维，活跃学

生的情绪；德育工作中教师的微笑是对不良行为的理解和宽容，引起学生的自我反思和觉醒，是对良好行为的鼓励和赞许，激励学生不断努力和进取。

教师的微笑和严厉同样重要，但二者相比，微笑更平和、温和，更可亲、可爱。严厉的教师令学生敬畏，微笑的教师让学生喜爱，善于在严厉中不时渗透会意微笑的教师，则令学生敬爱。

教师的微笑应该是善意的、会意的，发自内心的，而不应该是装出来的、无奈的、痛苦的笑。只有心中装着学生的教师才会有甜美的、会心的、善意的微笑，只有真正尊重学生的地位，尊重学生的人格，尊重学生的潜能，教师的微笑才会起到作用。

不苟言笑未必就是好老师，一味严厉未必就是好老师。在如今的中小学教育中，微笑成为一种极易忽略，甚至稀贵的教育资源。

有位老师这样感言：

班主任对学生"笑脸相迎"能够将这种爱心和宽容表现得淋漓尽致。我担任班主任工作之初，一心希望把每一个学生都教育好，管理好，对他们"高标准、严要求"，本身想法没错，可是在学生面前总是一副严肃的表情，学生稍有犯错便进行教育。学生私下里对我的评价是一个字："酷!"大多数学生对我也是敬而远之。一天，一位学生悄悄对我说："老师，我们需要您的微笑!"当时我意识到了问题的严重性，即使对学生有"爱"，那也需要表现! 之后，我决定对学生"笑脸相迎"，要让学生感受到我对他们的爱：在校园里，我遇到学生会微笑着叫出他的名字；在课堂上，我会微笑着倾听学生的回答；在学生犯错时，我会微笑着耐心地为他指出错误……一段时间之后，我惊喜地发现，学生对我也有了笑意，愿意和我沟通交流了，班级管理在和谐的师生关系中也轻松了许多。微笑有如春风雨露，能够滋润学生的心灵；微笑有如明灯，能够点亮学生的成功之路。

教师对学生的微笑包含着期待、鼓励、关爱、宽容、赞扬、善意的批评。作为发展的人，也就意味着学生还是一个不成熟的人，是一个正在成长的人。在实践中，人们往往忽视学生正在成长的特点，而要求学生十全十美，对学生求全责备。这是和发展观点相对立的。其实，作为发展的人，学生的不完善是正常的，而十全十美则是不符合实际的。把学生作为一个发展的人来对待，就要理解学生身上存在的不足，就要允许学生犯错误。重要的是，如果我们能够用充满关爱和宽容的态度来帮助学生解决问题，改正错误，就能使师生关系和谐发展，更能促进学生的进步和发展。

第四章　优秀教师的沟通技巧之态度

第四节　打破偏见

教师在与学生沟通时，易出现以下两种错误的思维定势：

（1）当学生出现问题时，总是按"常规思维"下结论。比如当男生和女生发生冲突时，教师多半都会认为这是男生的错，即使是女生引发冲突，男生只是反击，老师也往往会认为他是在攻击手无缚鸡之力的女生。但事实上，男生，特别是少数男生更易受到严厉的惩罚。所以，当学生之间发生冲突时，公正无私的教师应先听取双方的解释，并加以调查，针对事实，做出一个合理的裁决，而绝不是问都不问就把罪名全扣到男生头上。因为有时错的不一定都是男生。同样道理，当学生作出某些不符合传统的举动时，请不要先想当然地认为他们这样做是错误的，是不符合规矩的，有时候教师只是凭借旧有的概念对新生的事物下定义，那样又怎能准确？

（2）习惯用固有的模式评价学生。很多时候，教师是从教育者的角度来看学生的所作所为，有时甚至按照传统的观念，采取静态的一成不变的做法去评判学生。但是，学生是发展中的人。作为一个发展中的人，他们的知识、能力、经验、心理品质等均不成熟，都处于不断变化之中。因此，教师不能简单地以自己的认识、想法、观念来看待学生，不能用自己的情感来代替学生的情感，必须研究学生现有的认识、思想和情感。但我们很多人仍然持有"从小看大"等诸如此类的观念，很多时候把学生一棍子打死，看不到学生的可变性、可发展性。这是非常有害的。比如总是按学生成绩将学生划分为"好学生"和"坏学生"；而教师在与不同成绩的学生进行沟通交流时，则会不由自主将这种心态带进来，造成学生心理上的偏差：原来只有考出好成绩来才会受到老师的青睐！这样的思维定势无论是对"好学生"还是"坏学生"的心理的健康成长都是不利的。虽然我们的学生良莠不齐且个性迥异，但我们却不应该有情感的倾斜。毕竟学生的成长是不定型的。过早地用单纯的"好"与"差"来划分他们的等级是不利于他们身心健康发展的，对他们的成长也是没有好处的。

这就要求我们的教师在与学生进行沟通交流时，一定要摒弃那种静止的、僵化的、一成不变的思维定势和"一俊遮百丑"的片面思维方式，用变化的、发展的、进步的眼光去看待和研究学生。要看到学生的"远处"，看到学生的"未来"。要相信每一个学生都有多种发展的可能性，这种发展的潜能是相对于学生已经表现出来的和达到的现实发展水平而言的。每个教师都应对学生的可能变化和发展到更高水平持有信心。

学生的自尊心是有待点燃的火。老师的同情、关爱、亲情可以点燃它，使它燃烧得越来越旺；老师的冷漠、粗暴也可以扑灭它，使学生从此一蹶不振。因此，作为一名教师，应经常让学生感受到你的信任，让他们看到你期待的眼神，听到你鼓励的话语。这种信任、期待和鼓励，像一盏导航灯，为学生指引前进的方向。

宽容学生，而不是无原则的迁就；恰到好处的点拨，而不是简单地对学生下结论。只有这种交流和沟通，才能真正走进学生的内心，赢得他们的信任与尊重。也因此，教师在处理有关问题时，应注意沉着、冷静、公平、公正。只要犯了错误，就认定对方是罪人，这显然是十分幼稚可笑的。学生正处于发展变化时期，难免发生这样或那样的问题，即使犯了比较严重的错误，教师也要满腔热情地去关心、帮助、教育他，不能轻易下定论、戴帽子、一棍子打死。比如班上发生丢钱丢物的事件，教师在班上公开讲这件事情的时候，一定要注意用词得当，不能用"贼"、"小偷"、"品德败坏"等定性的词语，这显然是一种把人一棍子打死的态度，不利于学生承认错误、改正错误，甚至有可能影响犯错误学生的一生，产生破罐破摔的想法。如果教师用"有些同学一时糊

涂做了错事"、"一时喜欢别人的东西,没经人家同意自己就拿去玩了"、"贪占便宜的不好习惯"等比较温和的词语,认真分析这种习惯发展下去的危害性,并举出一些贪污、盗窃犯的下场,这样教育的效果肯定会比较好,因为你既没有给犯错的学生定性戴帽子,又讲明了事态的严重性,让学生引以为戒。

此外,为了达到较好的教育效果,对有些事情的处理要注意保密性的原则。比如对偷东西的学生、偷看不健康书籍画册的学生,教育过程要注意保密,不宜将此事在学生、老师中大肆宣传。教育犯错误的学生时,要耐心细致,从真正关心他的未来、关心他的前途的角度进行说服教育,使他认识到问题的严重性,同时又给予改过的机会,照顾他的自尊心,培养他的上进心。

做学生的思想工作时,教师忌急。学生的独立性、自觉性相对较弱,往往下很大决心改正错误,但一遇困难和挫折,就表现得没有毅力,有时一种错误会犯好几次。如果老师缺乏应有的耐心,就失去了教育学生成才的良机。教师不要轻易伤害学生,要有"善救物者无弃物,善救人者无弃人,为有春风巧着力,朽木也能绿成阴"的恒心。

当学生犯错时,我们常用指示的态度或权威的态度指正学生,这种方式有时并不能达到有效的沟通。实际情况中,老师常犯的错误就是常自以为是地论断学生的想法、观点。其实,做好沟通就是为了更了解对方,而不是判定对错。人们自以为是的对或错往往会因时间而改变,对任何事情先不要急着下结论,因为它有调整、改变的契机。

在教师眼里,越是优秀的学生越容不得他有一点儿过失,正可谓爱之越深,求之越切。也因此,当自己眼中的"宠儿"突然之间从云端坠到谷底时,教师那种恨铁不成钢的心态可想而知了。老师不加分析的断语,很有可能毁了学生的一生。一个优秀的教师,无论遇到什么样的事情,都不会妄下定论。轻易地下结论,等于轻易地给学生判处了罪名!而在年少的学生心中,这个罪名,极有可能就是死罪!所以教师要打破偏见,看到未来的多种可能性。

第五节　懂得激励

有一则《聋子青蛙》的寓言，说的是一群青蛙在森林中穿行，有两只不小心掉入了深坑中，它们就拼命地想往外跳。其他的青蛙则聚集在坑边告诉它们坑太深，不要白费力气了，根本不可能跳上来。但是，求生的本能使两只青蛙仍然不断地往外跳。坑外的青蛙不停地劝阻它们，叫它们等死算了。后来，有一只青蛙相信了青蛙们的话，放弃了挣扎，慢慢地死去了。而另一只仍然继续试图往外跳，青蛙们还是不停地劝阻它，而这只青蛙反而更加努力了。最后，它终于跳出了深坑。原来，这只青蛙是个聋子，它一直以为其他青蛙是在不停地激励它跳出坑外的。

这则寓言给我们这样一个启示：激励能使人充分地发掘出自身的潜能，把本认为不可能的事变为可能，从而获得成功。

从某种意义上说，教育的过程就是一个让人不断挖掘自身潜能的过程。在这一点上，教育更应该是一种激励的教育。特别是在中小学阶段，教师的话对学生的影响是巨大的。教师若能真正激励一名学生，就会使这名学生的内心受到震动，激发出积极向上的动力，使其潜能得到较好的发掘。

一、激励的作用

正确的动机不是自发产生的，是在教师们有计划、有组织、有目的

的教育下，逐渐培养起来的。德国著名教育家第斯多惠认为："教学的艺术不在于传授的本领，而在于激励、唤醒、鼓舞"。清代教育学家颜吴先生说过这样的话："教子十过，不如奖子一长。"教师与其花费很多的时间和精力去苛求学生，不如用一点心力去发现其优点，并以此鼓励他，让学生体验成功的滋味。因此，教师有计划、有组织、有目的地对学生进行激励是有非常重大的意义的。具体说来，激励具有哪些作用呢？

1. 激励可以最大限度地调动学生的积极性

教师对学生的激励，就是对其成绩的肯定，使其行为得到承认，从而使学生认识自身行为的价值，使其积极性得到进一步发挥，形成强大的内在动力。学生主要是希望得到教师的信任及取得各种进步的肯定，若在应该满足时没得到满足，一般说来，学生的积极性就会消退。因此，从满足学生需要的角度讲，激励是十分重要的、不可缺少的。满足了学生的需要，他们的积极性才能得到调动，身心才能得到发展。

2. 激励可以对学生起到导向的作用

激励是一种对学生的动机和行为进行肯定的行为，反映了什么样的动机和行为会受到教师及其他学生的尊重，什么样的精神和风格会得到赞扬，也告诉大家社会需要什么，教师提倡什么。激励的导向作用是具体的、强有力的，是一般教育所不能替代的。

3. 激励可以促进教师工作目的的实现

教师的工作就是使学生去实现教育目标的过程。教师通过激发学生的热情，才能保证教师教育工作目标的实现。当然，教师不能乱用、滥用激励方法，否则会起到相反的效果，而应当遵循激励的基本要求，才能收到事半功倍的效果。主要有以下几点：

（1）实事求是

教师在对学生实施激励的时候，应当根据学生客观存在的需要，施以相应的刺激和鼓励，从而调动学生的积极性，达到教师工作的目的。如果学生没有那种需要，或不具备那种需要，教师的激励行为是没有实际依据的，当然也就起不到激励的作用。

（2）公平合理

教师对学生行为的激励要根据他的行为给予恰如其分的承认，如果该表扬的没有表扬，该批评的没有批评，这些不恰当之处，就会使学生产生不公平、不合理的感觉，产生心理不平衡，达不到激励的应有效果。教师要充分认识到公平合理的激励的基本要求，使每个学生都能理解、支持，从而把学生的积极性调动起来。

（3）遵循强化的要求

强化就是通过一种奖励或处分，使之继续下去或被制止的过程。希望行为继续下去的叫正强化，制止行为继续下去的叫负强化。给学生正强化会使其产生积极的情绪，感到心情愉悦，得到鼓舞，促使学生更加积极地学习；给学生负强化则会使学生产生消极的情绪，受到刺激，迫使学生在压抑的情况下改变学习行为。所以，对学生强化某种认知时，要正、负强化兼顾应用，适时适量，尤其要注意的是应主要采取正强化，它比负强化更有力，学生也更容易接受。

（4）适时适度

教师在激励的过程中，要把握好度。做什么事情都讲究"度"，要注意分寸，拿准火候，恰到好处。如一个学生违反了班规校纪，已有悔改之意，教师如果能对他正确地引导鼓励，批评指正，他就会比较顺利地检查改正。如果教师一味地指责、惩处，不注意分寸，要么上纲上线，使他无法接受，要么轻描淡写，使他不能引以为戒，这些都是不能起到激励作用的。

二、教师激励的主要方法

教师应掌握对学生的激励方式，激励方式是发挥激励作用、达到激励目的的具体途径。激励方式多种多样，有物质的，也有精神的。教师要提高工作效果，充分调动班级中学生的积极性，就必须掌握和善于运用各种激励方式，做到根据不同时间、地点、对象，使用不同的激励方式。

1. 目标激励

目标激励，就是教师用确定的具有社会意义、符合班集体学生特点的，科学可行的、能够鼓舞人心的目标，去激发学生高尚的动机，使他们具有热烈的奋斗情绪，充分发挥学生的积极性，使其为实现目标而奋斗。当班上学生情绪低落，没有学习热情时，教师要用激励的方式教导学生，充分调动起学生的积极性，同时设置适当的奋斗目标，如达到市级文明班集体或达到省级文明班集体、各种竞赛应达到第几名等，又如不同学生的奋斗目标，学科成绩应达到什么水平、操行应达到第几等。当然，班集体的奋斗目标要与学生个体的奋斗目标有机地结合起来，如果目标定得太高，让人望尘莫及，令人丧失信心，起不到激励作用。只有恰当的目标，才能挖掘学生的潜力，最大限度地调动其积极性。

2. 情感激励

情感和情绪是人对客观事物是否符合自己需要的态度体验。需要是情感产生的基础。那些能满足学生需要的事物，会引起肯定的情绪和情感。实践表明，在师生交往过程中，如果班主任善于运用恰当的方式，表达对学生的尊重、信任、支持、帮助和关怀，就能引起巨大情感作用。

在师生交往过程中，师生感情融洽，学生就容易接受教师的要求；双方感情对立，学生往往产生抵触情绪，道理讲得再充分也听不进去。因此教师在教育学生时不仅要"晓之以理"，而且要"动之以情"，善于抓住时机，加以引导，激励学生奋进。

　　首先，要与学生开展谈心活动。教师与学生的一次谈话，也许能改变学生的一生。因此，教师应尽量地与学生谈话，不仅要与班干部、优秀生谈话，更要与后进生谈话。

　　其次，多行雪中送炭之举。对于整体素质较高、富有远大理想与信念的学生，要及时施以理性号召，启发其内在的因素，提高其思想觉悟；对于陷入个人情感漩涡而不能自拔的学生，要及时给以引导，减少其痛苦与压抑感，引导学生走向健康、向上的生活轨道；对于生活上遇到困难的学生，教师要施以最大的爱心，及时给以帮助。

　　3. 奖惩激励

　　奖惩激励在教师工作中运用得最多，是对学生的某种行为的奖励或惩罚的方法。奖励是正强化，对学生某种行为给予肯定和表扬，使学生受到精神上或物质上的鼓励，从而继续保持这种行为。奖励应抓住时机，起到指明方向、典型引路的作用，增强教育效果。有的学生很聪明，却很难专注地去干一件事情，作业敷衍潦草，经常惹是生非，老师的教育也只能产生"五分钟热度"，被他们当成耳边风。对这样的学生可以运用奖惩激励方式，每当他们不专心读书时，教师最好不去注意他，但在他安静下来读书或专注地进行一项活动时，哪怕只有短短的几分钟，老师都给予一些称赞，或者通过抚摸、微笑、眼神接触等亲密方式去强化学生的良好行为。惩罚就是对学生的某种行为予以否定，使学生认识到这种行为是错误的，化消极因素为积极因素。

　　4. 榜样激励

　　榜样是根据人们善于模仿的心理特点而树立起来的一面旗帜。它比

说服教育更有说服力和号召力，更容易引起学生在情感上的共鸣，给学生以鼓舞、教育、鞭策，激起学生模仿和追赶的愿望，正可谓"榜样的力量是无穷的"。

榜样激励，就是以先进人物的模范事迹来影响和教育学生，使其进步。教师，尤其是班主任应该做学生的榜样。心理学研究表明，领导者的心理气质和本人形象，直接影响其所在群体的心理氛围和组织形象。就个体而言，教师又是班级的一分子，他们与学生朝夕相处，教师的魅力是一种能使学生难以忘怀的、自觉服从的领导力量。而这种魅力的形成，来自于教师自身所具有的广博的学问、卓越的见识、非凡的组织才能和高尚的道德品质。因此，有经验的教师总是竭尽全力地塑造好自己的形象。

当教师的形象得到学生认可时，他的决策会让学生言听计从，倾心拥护而与之共谋班级的发展；他的表扬嘉奖，会使学生备受鼓舞，心情舒畅；他的批评处罚，能使学生心服口服，改正错误；他的行为会自然而然地成为学生仿效的榜样和学习的楷模。

师生交往中激励方法的有效运用对学生有巨大的激励作用，它有助于实现教学目标和完成教学任务，有助于调动学生学习的积极性和弘扬学生个体的主体性，有助于教师建设和管理班集体。

第五章
优秀教师的沟通技巧之批评与表扬

　　天底下没有不犯错误的学生。这一点所有的教师都知道。但是，当面对学生的缺点和错误时，并不是每一个教师都能保持清醒的头脑。坦白讲，批评总是不太受人欢迎的。在各行各业的人中，教师可以说是使用批评最频繁的人，因此，教师更应该认真研究批评艺术，使学生听了老师的批评以后，能够在"心中暗暗点头"，而不至于产生逆反心理，导致师生关系的紧张。

　　科学的表扬是必要的。著名的心理学家桑代克在他的学习律中提到：奖励是影响学习的主要因素。这里的奖励当然也包括表扬。但是，需要提醒的是，并不是所有的表扬都能达到预期的效果，有些表扬甚至会起反作用。所以，表扬要注意一定的方式方法。

　　批评与表扬既有区别又有联系，既对立又统一，构成了矛盾的统一体。因此，我们应把二者结合起来，灵活运用，讲求辩证艺术。

第一节　批评的原则

　　教育批评是对学生不良或错误行为的否定评价。批评大体可分为精神和行为两大类，精神批评如谴责、扣分、处分等；行为惩罚如做错作业订正、损坏东西赔偿、卫生不认真重做、犯了错误做检讨等。批评是教师用来对学生进行教育的一种不可缺少的手段，如果用之得当，就能促进学生认识并改正缺点、错误，有效地把他们引导到学校和社会所要求的轨道。反之，则不但不能产生良好的教育效果，反而会引起学生的反感，其结果常常是事与愿违，导致教育的失败。所以，我们每一个教师都应十分重视提高自身的素质，在对学生进行教育时，务必讲求批评的原则。

一、是批评而不是责备的原则

　　过去，我们常常把批评的原则表述为"惩前毖后"，但是，对于尚未成年的学生来说，他们也许主要适用这条原则的后半句话。一般来说，对于学生的一些非原则性、轻微的错误，应该把批评的出发点建立在对学生的真诚、友善、同情和尊重的基础之上。同时，也要把批评的目标重点定位于未来的改进，而不是追究过去的错误。考虑到学生的年龄、承受力等因素，还要尽量减轻批评带给人的反感，让批评发挥最大限度的正面效用。由于教师担负着指导、培养学生成长的特殊责任，批评时也不能忽略批评者与被批评者双方的权利和责任。批评对学生来说，它仅仅是批评，而绝不是责备。双方一起"朝前看"是最重要的。

二、对事不对人的原则

有些小学的班主任想出了用调整座位的方法来区别对待不同的学生：凡是行为有进步的学生，往前面挪；而行为退步的学生，马上赶到教室后排。有位班主任对这些学生还有句名言："笨蛋，给我死到后面去！"于是，学生们也大都学会了"活用"教师的这句名言。放学时，他们会对一些家长说："你家的笨蛋某某今天又死到后面去了3次！"结果，许多学生和家长对这位教师十分反感，认为她这样做是侮辱人格，还有人到校长室对这位老师进行投诉。

批评学生时，特别要注意"就事论事"，而不能动辄就以"微言大义"式的语言轰炸，尤其不能用侮辱学生人格的办法来批评学生。教师要通过自己的一言一行不断地给学生做出榜样。无论遇到什么事情，尊重别人的人格永远是做人的重要准则。教师可以说"你错了""你不对""你犯了严重的错误"等。但是，像"怎么这么笨！""你的脑子怎么一直不开窍！""你脑子有病啊？"之类的说法，全都应该列入"教师绝对忌语"之中。

三、进退有度的原则

有一次，一位家长中午到学校接孩子，当时还没有下课。他看见自己的儿子沮丧地站在教室的门口。一问，原来是因为他儿子上午第一节语文课时做小动作，被老师罚站在教室门口。然后家长又问："那么后面几节课你为什么不上呢？"儿子嗫嚅了几下，无法回答。

后来，家长从其他教师那里才了解到：这所学校有一条不成文的规定——学生的问题开始由哪个教师处理，也只能由这个教师撤销处理的决定，还美其名曰："在哪里跌倒，就在哪里爬起来。"可能是那位语文老师忘记了撤销"决定"，导致了这位学生在教室门口站了整整一个上午！家长知道原因后，愤怒之情可想而知！

一般来说，学生犯一些错误是不可避免的。教师在批评甚至处罚后，应该给学生留有一定的改正余地，要给他们"找个台阶下"，以利于今后更快进步。教师批评学生时虽然"该出手时就出手"，但也"该歇手时就歇手"。绝不应该采用过度的批评和处罚方式。而像前述班主任、任课教师和家长一起集中火力"围剿"学生的做法，常常会使一些性格脆弱的学生难以承受，把他们往极端方向逼，甚至造成意想不到的后果。

四、个别化处理原则

一所小学接受了若干外籍学生，开始没有发现他们和中国学生的行为、观念有什么明显的差异。一天放学时，一位班主任因为班里一个中国学生的问题把全班同学留了下来。当着全班学生的面，教师开始了对这位学生的长时间批评。所有的中国学生都不吭声。但是，10分钟后，几个外籍学生开始发言了："老师，虽然这位同学犯了错，但跟我们毫无关系，为什么不让我们先回家呢？"从读师范起就熟读马卡连柯集体教育原则的老师和一直习惯于"陪着挨骂"的中国学生都一时惊诧得说不出话来。

应该指出：许多教师喜欢在批评个别同学的错误时让全班同学"陪听"。理由是：批评了一个，教育了全体。其实，除了学生极少数带有导向性的典型需要当众批评外，经常性地让其他学生"陪训"，一般都只能造成"一人受训，举班不欢"的效果。教育学的一些最新研究表明：一般情况下，个别化地处理学生的问题是处理好师生关系的有效原则。

五、因人而异原则

一位乡村小学的语文教师因为学生的字写得不好，就在几个字写得最差的学生本子上写下了"抄三千遍"的批语。想不到，一位女学生竟然因为受不了惩罚而服农药自杀了。在法庭上，律师为这位教师辩护道："为什么其他几位同学看了批语就没有自杀呢？说明这并不是教师的责任，而是这个女同学本身的心理有问题。"

这里我们暂且不论这个教师的法律责任问题，但从心理学角度看，同一个刺激对不同气质、不同性格的学生来说一定有不同的影响。如果批评不当，很容易对学生的身心健康，甚至生命造成伤害。心理学家指出：胆汁质类型的人要特别注意劳逸结合，对抑郁质的人则要给予更多的关心和温暖。而这两类气质的人最容易有心理疾患。这个乡村教师很可能就是不了解学生的个性，严重地伤害了这个也许属于抑郁质学生的稚嫩心灵，铸成了大错。因此，批评的力度、方式等一定要谨慎，特别要注意因人而异。

心理学家和一些有经验的教师已经总结了一些针对不同学生的批评方法。例如：对属于不可遏制型的胆汁质学生——"冷"处理后采取回马枪法、逐步推进法等；对属于活泼型的多血质学生——采取频繁提醒法、深刻印象轰击法等；对属于安静型的黏液质学生——采取耐心说服法、逼上梁山式紧盯法等；对属于抑制性的抑郁质学生——采取暗示法、和风细雨式谈话法等。总之，能否有效地、因人而异地批评学生，往往是教师的成熟度和沟通水准的真正体现。

第二节　批评的方法

　　心理学家曾做过这么一个实验：分三组对同一个学生给予不同的评价，借以观察学生对哪一组最具好感。第一组始终对之褒扬有加，第二组始终对之贬损否定，第三组先褒后贬。此实验对数名学生进行过后，发现绝大部分学生对第三组最具好感，而对第二组最为反感。因此，面对学生的缺点、错误，老师大发雷霆地训斥，过于严厉的言辞会使学生难于接受，产生排斥心理，甚至顶撞老师，肯定达不到好的沟通效果。这时，我们不妨先对学生的优点、长处加以表扬；之后，再对他们犯的缺点、错误加以婉转的指正，尽量做到"良药不苦口，忠言不逆耳"，就能在第一时间拉近师生之间的心理距离，使沟通工作水到渠成。

　　不可否认，由于学生尚未"成熟"，自我克制与分辨是非的能力较低，自尊心很强又很脆弱，一旦受了批评，不仅容易出现自卑感，还有可能滋生排斥心理，走向教育沟通的对立面。

　　因此，对于学生的错误，老师一定要言行谨慎，既不放任自流，又不严厉训斥，而要细心观察学生的心理变化，用"先扬后抑"的方法去编织培养学生自信心的摇篮，让他们在理想光环的召唤下，振作精神向前走。这就要求教师应该把握好以下2点：

　　（1）把握好表扬和批评的比例。老师对学生一股脑地批评固然会使学生灰心丧气，造成心理对抗；而全是表扬又会使学生飘飘然、盲目乐观，未必能使他们始终保持振奋的精神状态。因此，老师在运用"先扬后抑"这一沟通方法时，应把握好表扬和批评的比例，二者不可偏颇。一般来说，表扬和批评的比例以7：3最为适当，至少也是6：4，要以表扬为主，批评为辅。

（2）表扬、批评要逐步升温，防止"暴涨"。有些老师为了转变后进生，不惜余力地给后进生创造"闪光"机会，然后在班上大加褒扬，甚至委以班级干部的重任，其用心良苦，借以使学生继续巩固优点，发生根本转变。然而，后进生的一些"顽疾"并非一朝一夕就能改正，往往会复发。一旦旧病复发，如果老师撤销前不久所委任的职务，其结果只会使学生变得更差。

所以，老师对学生的表扬、批评以及情感投入都要逐步增加，任何暴冷暴热都不可取，否则会留下消极的"后遗症"。

总之，在师生沟通的过程中，老师要一分为二看待自己的学生，在批评时先表扬他们的闪光之处，然后再委婉地批评其所存在的缺点、错误，从而让学生感受到老师博大的胸怀和殷切的期望，以达到有效沟通的目的。

尽管许多教师都学过一些批评学生的原则、策略、方法，但碰到实际情况时，教师们往往觉得无从着手，当然效果也无从说起。这里给教师们介绍一种批评学生的有效模式——六步进阶法。这种模式的优点在于综合运用了有关批评的各项有效原则，并从每一阶段的操作方式训练着手，易于教师学习掌握。

第一步：反省内心对话是否正确

教师欲批评学生时一般应有一定的思想准备，哪怕两三分钟也好，重点是思考自己的内心对话是否正确，是否遵循了以下原则：①真诚。不封闭自我，不矫揉造作，不自以为是，不口是心非。不求对方一定接受自己的全部意见，但希望对方明白自己的全部心迹。②友善。批评的出发点不是去伤害学生，而是去帮助学生，即使这位学生曾经伤害过你或其他同学。③理解。设身处地地体验感受对方的心理活动，试着站在对方的角度来考虑问题。④尊重。这种尊重应包括：对对方人格的尊重，对对方价值观、言行方式的尊重，给对方以充分时间考虑自己的意

第五章　优秀教师的沟通技巧之批评与表扬

见，有申辩的权利及不予接受的自由等。

试对比下列内心对话：

正确的："小明这次错误给老师造成了不少麻烦，但还不至于无法收拾，我要指出他的错误并让他改进，同时我必须保持冷静。"

错误的："小明这次错误实在太令人气愤了！简直是不可饶恕！这次一定要叫他下不了台！"

正确的："批评他时他可能一下子受不了，不过我想即使他一时失去理智，我也会一步步地开导他战胜错误。"

错误的："我如果指出他的错误，他肯定会跟我大吵大闹，那就麻烦了！索性跟他翻脸吵到底！否则他要骑到我头上来了！"

正确的："趁现在事态还不严重，赶紧向他指出，也许他认为不值一提，可我必须防微杜渐。"

错误的："这一次就马马虎虎地跟他提一提，免得伤他的面子，如果下次再犯，我可就对他不客气了！"

第二步：切入话题，伺机说明批评的理由

可能的话，批评前先要有一个打开话题的"热身"运动，以免给对方一种突如其来的不愉快感觉。但一旦切入话题，就不应拐弯抹角，而应直指问题核心。教师此时可以从几个角度来说明批评的理由：①指出对方错误对你的影响。"今天你课堂上的表现给老师带来了很大的麻烦。"②指出对方错误给对方造成的影响。"你今天的行为如果不改会影响你今后的成长。"③指出问题是如何发生的。"今天有些同学向我反映，说你影响大家正常地听课。"说明理由时切记要简单明了，忌啰唆或过分重视细节。

第三步：提出明确中肯的批评

（1）句子应以"我"字开头，以表示批评发自于你个人，而非某些不能公开的来源。例如，"我看到了你在课桌下做……这是违反校规的。""我对你今天的做法很不满意，我觉得你太忽视……了。""我感到很痛心，因为你……"

优秀教师的沟通技巧

（2）批评对方时语句越简短越好，而且要最先说出，说完后可谈谈此项错误的后果。如果后果在前一进阶中已有所涉及，则这里可以再说得详细些。

（3）注意体态语言的配合。眼神要诚恳，表现自己与人为善的诚意。自然坦率的目光表现自己对对方的尊重和信任。询问的目光，反复与对方对视，表明希望得到对方回应。

教师的眼神切忌游离不定或与对方接触太少，否则学生会对你的批评感到不够真诚或受轻视；但眼神接触太厉害，像"瞪视"对方，又会使对方感到受到侵犯，产生对立情绪。

表示自己的诚恳和关切时，身体微微前倾、靠近对方。想使氛围略感轻松时，身体适当后倾10度左右，根据对方的各种特点选择不同的空间距离交谈。

第四步：请对方提出解释

这一步是用来说服对方心悦诚服地接受你的批评，方法是积极的询问："你能说说这是怎么回事吗？""你为什么会这么做呢？""能说明你干这事的原因吗？"询问的目的是让对方有机会做解释和申辩，不要造成"一言堂"的局面。询问的结果之一是对方接受了你的批评，但此时还可能说出一些让你出乎意料的事实来，使你的批评能修正到更准确的程度，也使对方更能接受。询问的另外一种结果是发现对方确实对你的期望或要求不甚明了，这时你必须向对方作补充说明，并确定一个对方能接受的标准。当然，还有一种结果就是对方解释后，你发现批评并不正确，那么，你就应修正或撤销批评，不可为了面子继续批评下去，造成侵犯学生的行为。

第五步：请对方建议如何改进

到这一步时，你主要鼓励对方说出自己的改进意见，根据学生的个性差异，此时的口语策略大致有以下几种：①鼓励型。"你有什么改进的构想？""你给我写一个改进的计划。"此种方法适用于那些能力和自觉性较强的学生。②建议型。"你说说老师该怎样帮你？""老师要求你

这样做，你觉得怎么样？"此种方法适用于那些能力和自觉性中等的学生。③帮扶型。"老师如果这样帮助你改进，对你是否有帮助？""老师会这样来帮助你改正，你同意不同意？"此种方法适用于那些能力和自觉性较差、需要教师具体帮助的学生。

必须指出，此时学生说不定真的会对教师提出一些要求，期望教师也作适当改变。对此，教师必须有思想准备，但不应纠缠于此，重点还是要转向学生的行为。

第六步：总结对方承诺的行动

这是最后一步，也非常重要。因为一般的批评者针对"不该有"的行为往往说得很多，对"该怎样做"却表达得很模糊。此时的做法一般是：①重复检讨上一步中对方提出的改进建议，确定它们的可行性。"那么，你答应以后一定会……""所以你下次会……""你确认，你的计划是……""你的意思是……"②再次明确彼此应尽的义务。"你将会……做，而同时老师也会……地来帮你。"③向对方说明这次批评的严肃认真性。"老师希望你对你今天所说的话负责，我会经常检查督促你的。""过一个星期，我就来看看你的计划执行得如何。"

这类话主要是让学生明白，以后教师将会继续观察他们的改进努力，以使他们更加慎重行事，不至于也不敢把这次的谈话当儿戏。

最后，与学生道别后，教师如果还有点时间，应该把这次批评性谈话的时间、地点、主要内容等作简单的笔录以备用。

六步进阶法在训练新教师时效果最为明显，很多老教师用后也感到受益匪浅。当然，在实际的师生沟通中必须视情况而变通运用。这种模式所体现出的人本主义心理学精神是每个教师都值得吸取的。

总之，批评必须运用得当，才能达到教育的目的；如果运用不当，不但不能达到教育、提高的目的，而且可能造成师生感情对立，促使学生逆反心理的形成，增加了今后教育、转变的难度。班主任要对学生正确开展批评教育，必须注意以下 8 个问题。

（1）对批评忌厉声训斥；

（2）对批评忌变相体罚；

（3）对批评忌当众揭丑；

（4）对批评忌千篇一律；

（5）对批评忌不调查分析；

（6）对批评忌成见看人；

（7）对批评忌唠唠叨叨；

（8）对批评忌言行不一。

第五章　优秀教师的沟通技巧之批评与表扬

第三节　表扬的原则

表扬、奖励用心理学的术语来说，都属于"正强化"。过去所有的教育学、心理学著作都认为"正强化"能鼓励学生加强他们的良好行为。在学校里，也许奖励的手段还不算多，但表扬学生一般是教师的拿手好戏。在有关表扬的心理学研究中，以经典的"赫洛克实验"最为著名。赫洛克曾经以106名四、五年级学生为被试对象，要他们练习难度相等的加法5天，每天15分钟。他把被试对象分为受表扬、受忽视、受训练和实验4个小组，每天做完加法作业后分别施以表扬、斥责、忽视等不同刺激，结果发现受表扬组的成绩提高最为明显。绝大部分教师肯定也认为：奖励、表扬是师生沟通几乎战无不胜的"法宝"，只要鼓励、表扬学生，效果总会不错。很少有人想到这些"正强化"的手段还会有副作用。最近，一些心理学研究发现，虽然奖励、表扬总体上能够激励学生，但做法上却大有文章。如果不注意讲究原则和策略，不但效果不好，还可能对学生造成心理伤害。

一、奖励内部动机为主原则

此原则来源于心理学中著名的"德西效应"。心理学家德西在实验中发现：在某种情况下，人们在外在报酬和内在报酬兼得的时候，不但不会增加工作动机，反而会减低工作动机。此时，动机强度会变成两者之差。人们把这种规律称为德西效应。

根据德西效应，教师在表扬和奖励学生时，要运用"奖励内部动机为主"原则，使学生更关注自己的成长。平时，教师要仔细观察学生的个性和特长，一旦发现学生的良好行为并给予褒奖时，要注意引导他朝自我成长的方向发展，而不要引导他们仅仅去谋取一些"蝇头小利"。例如，对表现好的学生，如果有体育才能，可以推荐他们参加球队；如果有文艺才能，可以推荐他们参加乐队、合唱团、舞蹈团，或为他们举办演出等；如果发明创造等方面有成果，可以为他们举办公开展示等。

二、表扬重点是行为而不是人格原则

心理学家认为，从小培养学生独立自主的人格是非常重要的。如果教师和学生交往时经常就一些小事任意涉及他们的人格，就会使学生认为自身的价值必须依附在他人给予的赞同、不满等评价上，从而影响他们整个身心的发展。

请比较下面的实例：

正例："这篇作文的水平很高，它对中学生的心理有深刻的描绘！""最近你的作业做得很认真，字迹也端正了，我会在学生联系册上告诉你的家长。"

反例："老师觉得你很了不起，文章写得这么棒！""最近我认为你变成了好孩子。"

同样，在课堂上面对着全班学生时，教师不应该对一些能正确回答问题的学生随便说："很棒！很聪明！"因为其他未能回答出问题的学生听后很可能会感到自己"很差、很笨"。这时一般的口语策略通常是"不错、正确、答对了"等中性反应，这些反应没有附带对学生人格的评价，教师可以放心使用。

三、延后褒奖原则

西方人称此原则为"老祖母的原则",意为:先好好吃完晚餐,然后才可以吃甜点。心理学告诉我们,一旦驱使你去做某件事的诱因消失之后,即使有再好的意向也难以实现。因此,教师要设计好让学生表现出良好行为的诱因和方法,使学生全力以赴地做好一些他们该做的,然而又有一定难度的事情,然后才能得到表扬或奖励。把对学生有吸引力的目标分解为近期、中期和远期,让他们明确地朝着这些目标去努力,是激励学生行之有效的方法。要让学生记住,天下没有白吃的午餐和太早得到的葡萄一定不够甜的道理。

四、不能太廉价或过度原则

教师太廉价或过度的表扬和奖励经常会起反作用,这是因为:①学生觉得教师不是真心的,表扬和奖励只是一种惯用的手段。心理学告诉我们,如果一种刺激持续时间太长,人们就会因为"适应"的缘故而变得不再敏感。因此,教师虽然说不上必须"惜褒如金",但也应该适当注意表扬和奖励的"发行量",从而保证你说话的"含金量"。②如果教师对学生的一些好行为感到太惊讶,学生会理解为反面的不良行为也不会很严重,而且这类行为很快就会发生。试看这样的表扬:"小强今天非常好,20分钟里都没说过一句废话。"那么,30分钟后,可能有很多同学开始说废话。③心理学认为,教师太多地赞美他所期望的行为,则隐含着他原来正期望着相反的行为可能会发生。特别是一些正处于逆反心理年龄阶段的学生,经常会想找个借口与教师"对着干"。

五、不随便比较学生原则

教师要发现每个学生的独特之处，让他们根据自己的个性和特长来健康发展，并且要让学生明白，每个人都有自己独一无二的优点，而不能动辄就把学生互相比较。"人比人，比死人"，什么事都让学生互相比较，是一种很拙劣的教育手段。在表扬和奖励学生时也同样必须遵循这个原则。

正例："你的手工课作业做得真好，我想你一定花了很多心思，老师真喜欢你的作品！"

反例："你的手工课作业完成得真好，全班无人及得上你！"

遗憾的是，我们经常看到的却是类似下面这样的情景：美术课上，颇感失望的教师"总算"看到了一位学生的作业比较像样，就把这位同学的作业高高举起，展示给全班同学看，同时大声对大家说："大家看看，这才叫在画画啊！再看看你自己，简直都在糟蹋颜料！"于是，教师又成功地完成了一次"抬高了一个，倒下了一片"的"壮举"。

六、公开与私下双管齐下的原则

对一些低年级的学生，公开表扬、奖励的效果较好。因为根据教育心理学的研究，这个年龄阶段的学生觉得大人对自己的评价是非常重要的。而对一些高年级的学生，教师在他身旁低声的称赞可能比在全班面前的表扬更令他感到愉快，因为这样做可能会避免他陷入被同学议论、讥讽的尴尬境地。

除与学生个别沟通时教师可私下表扬外，有时在人多的场合，教师同样可以在走动中使用耳语、轻声告白等办法表扬学生。甚至教师一丝

欣赏的微笑、一个赞许的眼神，学生们也大都能心领神会。对有些带有导向性、典型性的良好行为，教师应有意识地公开加以奖励或表扬，因为"榜样的力量是无穷的"。

七、尽可能公平一致原则

教师在奖励或表扬学生时，有时会由于一些因素影响公平性和一致性。例如，个人的心情好时，教师乐观、敏感、行为主动；心情不好时，则悲观、迟钝、行为木讷。不管个人心情如何，教师一与学生接触，就应像演员进入角色，因为这是教师最基本的职业道德。否则，学生就经常为这样的问题而困惑：昨天，某同学是因为某种行为得到了老师的表扬，而今天我也有相同，甚至更好的表现，可是老师为什么熟视无睹？对不同学生的好恶感也会影响教师的公平性和一致性。对不同的学生，只要有相同的良好表现，都要给予及时的褒奖。

八、隐恶扬善、找好不找坏的原则

当学生们的表现不一致时，教师应以正面引导、表扬为导向，让表现不恰当的学生懂得：只有表现转好才会得到教师的关注和赞赏。必要时，教师可以对学生的某些消极行为暂时表示熟视无睹，或者装聋作哑。

正例："A 组的志强举手发言了，我非常欣赏他的大胆和勇敢！还有谁能像他一样？"

反例："怎么全班同学都不想回答问题，只剩一个人举手？怪不得很多老师说你们班级的学习风气很差！看样子你们班真是搞不好了。"

九、珍惜学生的这一刻原则

教师不要计较学生过去或一贯的不良行为,不求十全十美,而要相信学生内心深处渴望进步的良好愿望,相信"滴水可成大海"。当那些自己不喜欢的学生有好的表现时,有些教师通常的典型想法是:今天可真是太阳从西边出来了,但还是不表扬他为好,因为这家伙肯定是个捧不起的刘阿斗。

请看一个学生对要求过高的教师的反应:你这样不相信我的表现——我改你又不相信,我不改你又不满意,那我还不如不改!

一个好教师就像一个好猎手,他不但要捕捉学生的缺点,更重要的是要时时刻刻捕捉学生的"闪光点",并加以宣传表扬。

十、因人而异原则

如果发现你对学生的奖励或表扬不能加强学生的良好行为,那么就应根据学生的个性特点试着改变一下你的语言策略。试体会以下几种语言:

(1)"我发觉你已经非常尽力,但效果要慢慢才会显出来。"适用于那种能力不强、心里想改进,而心理敏感度又较高的学生。

(2)"继续努力,加油干吧!相信你下学期一定会在班级里崭露头角的。"适用于那些有潜力,但对自己要求不高或自信心较差的学生。

(3)"我认为你虽然是年级中的佼佼者,但还应到区里去比试比试,不知你会不会名列前茅?"适用于那些聪明、好胜心强,又很容易骄傲自满的学生。

第四节　表扬的方法

　　表扬是一种非常好的教育方式。教育学家们也认为，正确的表扬有助于培养学生的自我意识和独立能力。从行为心理学的角度上来说，表扬是一种强化手段，是使那些符合某种心愿的行为坚持下去的最好方式。虽然我们也可以对不正确的行为进行批评，但是它的作用远不如对正确做法的表扬。比如，低年级教师就知道，如果整个班级闹得不可开交，只要表扬其中一个比较好的小组，全班同学就会安静下来，眼巴巴地等着老师表扬。高年级的学生，只要他们的作文被老师当作范文朗读了，就会对作文激起前所未有的强烈兴趣。但是有些时候，我们的一些不恰当的表扬可能产生不了任何效果，甚至适得其反，伤害到学生，所以我们要注意一些表扬的艺术。

一、表扬的一般方法

1. 夸聪明不如赞努力

　　聪明与努力，是学生取得优异成绩的必要因素。作为教师，如何夸赞孩子的这两个因素，是值得推敲的。被过多夸奖聪明的学生往往会自然形成一种错觉，某件事做好了，取得了成功，该归功于自己的聪明；

而某件事做错了，结果是失败，他们也会反思，是自己不聪明吗？总夸学生聪明，他会将这种夸奖当成包袱，误认为只要聪明，任何事都只许成功，不能失败。一旦失败了，就垂头丧气，经不起挫折。我们应主动将往昔对孩子"赞扬性"的教育，刻意转变为"鼓舞性"的激励。把"你真聪明"转变为"你真努力"，当他单元测验得了第一名，这成功是他努力的结果；而考得不好，应鼓励他："只要再努力一次，你肯定会成功的……"最后的结论是："由于你的努力，你终于成功了！"这种转变的结果，会得到出乎意料的奇迹。再遇到什么挫折，他不仅不会垂头丧气，而且还会说："因为我不够努力，只要再努力一下，就会成功的！"学生能这样说，不正是教师追求的目标吗？

2. 表扬要具体而真实

表扬是非常有讲究的，学生们需要的是你发自内心的、恰如其分的赞赏。比如说，初中的学生是能够看出老师是不是发自内心想表扬他的，所以就必须对孩子们的行为尽可能深入地了解，表扬一定要有针对性，最好涉及细节，而不只是泛泛而谈，这样将会从 3 个方面伤害到孩子：①妨碍了学生对自己能力的客观认识，因为他会长期高估自己；②学生会像上瘾了一样渴求赞美，并且非常看重来自外界的承认；③很多研究都表明，夸张的表扬对孩子的耐性、宽容程度以及应对挑战和竞争的能力都大大降低。

3. 不要低估了学生的能力

低估了学生能力的表扬，只能让他们感到不快。有一次，妈妈看到 6 岁的儿子娴熟地在写字，于是和蔼可亲地上前说道："你真棒呀，这么小就会写字啦！"谁知小男孩一副被侮辱的样子："我 4 岁就会写自己的名字了！"然后就不肯搭理妈妈了。

有些时候，成年人低估孩子的能力，是因为他们心里有偏见，但是孩子有着敏锐的触角，他们能够分辨出你的言外之意。在一个公平的水

第五章 优秀教师的沟通技巧之批评与表扬

准上评价孩子，不要因为你的偏见，让表扬成为对孩子的一种变相的不屑。千万不要用"没有想到……""你还真能干啊……"这种句式来表扬孩子，比如对待小男孩，完全可以由衷地赞美他："你的字写的真工整啊，横平竖直，一个出格的字都没有!"这样他就会写得更加认真的。

4. 引导学生坦然接受他人之长

学生只有坦然接受身边同学的长处，才能在潜移默化中模仿他人的长处，并落实到自己的自觉行为上。教育学生认识到：自己的长处别人未必具有，同样，别人具有的长处自己也未必具有。这样的素质和心态需要教师慢慢培养。一个人只有坦然接受这样的差异，才能在不断得到赞美并不断赞美别人的过程中，内心真正建立起足够的自信。我们可以平静而由衷地赞美一个孩子的长处，但要避免用贬低其他的孩子为代价去赞美这个孩子，否则，会损伤其他学生的自尊，导致孩子更加"不接受"被赞美的对象。如果能够由衷地羡慕被表扬的同学，并用该同学受表扬的行为来约束自己的行为，向他学习，这才是健康的心态，教师表扬的目的，才算是真正达到了。

5. 经常赞美每一个学生

在学校里，老师表扬学生，这个行为背后的正面动机是让孩子看见别的同学的长处，认识到自己要不断进步。但这恰恰也让受到表扬的孩子体会到被欣赏、被羡慕的满足，无形中就会在孩子中产生争先恐后地得到老师表扬的心理需求。一旦得不到老师的赞扬，学生的情绪就会变得很失落，有时甚至会成为心中的阴影。

每个学生都有或多或少的优点，要善于发现学生行为背后积极的正面的动机，赞美学生已经做到的部分。这样，学生就逐渐学会发现自己的长处，不断积极继续保持。只要学生对自己有了积极的心理暗示，他的优点就会越来越多，被老师表扬的次数也越来越多，他也越来越自信，形成良性循环，终于成为一个真正的好学生。只是老师的表扬要真正成为学生成长的推动力，而不是成长的依赖症。这就需要教师适度的把握和严谨的操作了。

总之，只要讲究表扬的艺术，适当利用表扬这种教育方式，一定会取得显著的教育效果。

二、有效表扬与无效表扬

有效表扬：

（1）及时而具体；

（2）指向具体、突出的长处；

（3）体现出真诚性、多样性、可信性，针对的是值得注意的学生成就；

（4）对达到具体指标的（包括努力指标）成就才给予奖励；

（5）向学生提供其能力和成绩价值的信息；

（6）引导学生赏识自己完成任务的行为并思索如何解决问题；

（7）拿学生过去的成绩作为解释现在成绩的依据；

（8）看重学生在完成艰巨任务时付出的努力或取得的成功；

（9）将成功归功于学生的努力和能力，暗示将来还会有类似的成功；

（10）促进学生的内源归因观（学生认为自己努力完成学习任务是因为自己喜欢学习或想发展完成任务的技能）；

（11）使学生的注意力放在完成任务的行为上；

（12）促使学生在完成任务后对完成任务的行为进行欣赏和合理的归因。

无效表扬：

（1）随意而笼统；

（2）指向一般的积极行为；

（3）表现出乏味的划一性，针对的是不值得过分注意的条件反应；

（4）只要参与就给予奖励，而不考虑参与过程和结果；

（5）不向学生提供任何信息或只提供有关其地位的信息；

（6）引导学生拿自己与其他学生比较并思考如何竞争；

（7）将同学的成绩作为解释学生现在成绩的依据；

（8）不考虑学生付出的努力或成功的意义；

（9）将成功仅仅归功于学生的能力或外在因素如运气、任务简单等；

（10）促使学生的外源归因观（学生认为自己努力学习是因为某些外在因素，如取悦教师，赢得一场比赛或一个奖赏）；

（11）使学生的注意力全部都放在教师身上，把教师看成是支配自己的外在权威人物；

（12）插在完成任务的过程之中，分散了学生对完成任务行为的注意。

第六章
优秀教师的沟通技巧之课堂沟通

　　课堂上有时会发生一些突发事件，能否妥善处理好这些事件，是对教师人际沟通基本功的考验。

　　课堂教学过程中，教师是沟通的主动方，应该掌握好整堂课的节奏。"张弛有道"一定是课堂沟通得以顺利进行的基本保证。

第一节　有效课堂沟通的前提

一、影响课堂沟通的基本因素

1. 学生的需要和特点

研究表明，对学生寄予学业上的厚望，鼓励学生主动参与学习，采用主题教学、跨年龄交互式辅导、合作学习等方式，综合考虑学生的各种文化因素等，都是对来自不同家庭、不同文化背景的学生进行有效教学的重要组成部分。综合使用这些方法的教师也会发现，因为采用了特别适合学生个人需要、发展需要、文化需要的教学方法，课堂管理问题将显著减少。

2. 教师的教育目标观和学生观

影响教师课堂管理决策的一个学校因素是教师为自己学生确定的教育目标。如果教师愿意全心全意地为学生服务，就得经常问自己这么一个问题："我给学生设定的长期目标是什么？我是不是希望他们的一辈子都得益于和我在一起的时光？"不论何时，只要你在考虑采用什么方法来创建某种课堂氛围，来激励一个学生，或应对一个捣乱行为，你的方法必定服从于你的教育目标观。

3. 教师个人素质

教师的个人经历、所持观念以及性格、人格魅力直接影响课堂管理效率。讨论与权力、控制、权威有关的基本信念的问题，讨论教师的教学和管理目标，以及如何使目标与管理策略并行不悖等问题，就可以促进教师行为朝着有意义的方向转变。

4. 学校文化

学校文化直接反映一所学校的个性特质。学校的办学理念、教育理念以及学校人际关系，学校一切规章制度、教风、学风、领导风格乃至学校传统等，都会直接影响教师的思想意识、观念和教育行为方式，从而影响课堂管理的效果。

二、课堂上师生有效沟通的前提

在课堂上，为了实现与学生的有效沟通，教师需要注意以下几点。

1. 热忱、有活力

课堂中的教师对待自己的教学工作及所讲授的知识是否有热情，直接影响学生的兴趣和热情，并对课堂互动产生重要影响，不能打动自己的教师很难打动学生。但对多数教师来说，课堂所讲授的经常是自己讲过很多遍的内容，每次都要保持一种热忱状态是一种挑战。课堂中的学生都是充满活力的年轻人，因此要求教师必须有活力，缺乏活力的教师通常会制造一个死气沉沉的课堂，对师生的互动产生不利的影响。互动需要一个恰当的课堂气氛。

为此，课堂中的教师应当注重衣着整洁、得体，令人感到有精神和活力；教师的表情尽可能开朗，举手投足给人以轻快灵活的感觉；课堂中的音调可以略提高、有变化、适度加强语气，声音应明快有力。在语言互动方面，更多运用积极正向的言辞，多强调学生是有希望的，以及取得进步的方面；尊重、关怀学生，对学生尽可能表现出接纳，对所有学生一视同仁，不随意比较；客观、准确地表达自己的观点，不随意夸大、不随意讲一些不实之词；认真钻研任教学科，全身心投入教学。

2. 谦和、友善

教师绝对权威的时代已经过去，面对今天的学生，课堂中的教师更需要谦虚、随和，放下架子主动与学生接近，体现"亦师亦友"的风范，只有这样，学生才会将自己的真实想法告诉老师。课堂中的教师对待学生应体现出更多的友善，充分表现出对学生的关爱。现实课堂中的师生交往问题，相当部分是师生之间的角色认知误差造成的，尤其是一些青年教师，高年级的学生更多地将他们作为大哥哥、大姐姐的角色看待，希望在课外时间里是一种平等交流的关系，但由于青年教师资历不深，更需要"教师权威"来"镇住"学生，因而师生的冲突就会增加。

谦和、友善的教师应当在非语言沟通方面保持微笑、神情轻松、情绪平和，让学生感受到温暖和安全；姿态应当轻松、自然，这样学生才可能放松、不紧张；语气要和缓，没有不耐烦或者急切的口吻。在语言沟通方面，应当主动询问学生的学习感受和存在的问题，耐心回答学生的问题，不取笑学生，课后尽可能参加学生的活动，多与学生交流，告诉学生与教师联系的恰当方式。

3. 自信、坚定

课堂中的"皮格马利翁效应"告诉我们，学生对教师的信任是提高课堂教学有效性的关键因素之一，学生对教师的崇敬（甚至某些崇拜）能促进课堂效能的不断提高。学生对教师的尊重和信任需要建立在教师自信的基础上，自信、坚定的教师更容易得到学生的信任，因而课堂教学更容易取得成功。尤其是教师所讲授的内容，应该给学生一种确实可信的印象，教师的怀疑或者不坚定会影响学生的信任。

为此，教师的课堂语言应当是坚定、不容置疑的，应避免音调低沉、有气无力，要用音调、讲话的语气感染学生。课堂语句力求精简，以解决问题为核心，切忌没完没了的唠叨、无益的抱怨、夸大其词的牢骚，也不要对没有把握的事情轻易下结论。当然，更需要熟练掌握所教授的学科知识，研究表明，教师具有渊博的学科专业知识能更好地得到学生的尊重。

4. 双向互动

现代课堂应该是民主的、参与的，课堂互动应当是双向或多向的，应当始终以学生发展为核心，围绕学生的真实需要实现师生的互动。师生互动应当坚持平等、民主，教师要学会倾听学生的意见，力戒急躁、武断。

教师在课堂上要注意与学生保持目光的接触，经常能够"环顾"每一位学生，要适度改变自己的位置或者改变学生的位置，以避免与某些学生的距离长时间内相隔太远，还应该以温和的语气上课，给学生提供各种各样的参与机会。有的教师抱怨学生参与的积极性不高，其实通过研究表明，学生只有在自己认为比较合适的课堂氛围里才能更多地提出问题，更愿意参与到教学活动中。此外，课堂语言应当以正向为主、愉快为主，为各种学生提供参与的机会。

5. 重点分明

课堂中的重点突出是十分重要的，明确的重点，辅之以语气、手势的配合，可以更好地影响学生，提高课堂效能。讲课重点不突出、啰唆繁杂是教师的致命缺点，往往难以实现有效的课堂互动和沟通，而且空洞的说教也不容易为学生所接受。为实现重点分明，教师在课堂教学中应当明确讲话的重点，重视逻辑性，讲到重点时辅以非语言行为，往往能取得意想不到的好效果，教师讲课的语速应当稍慢，重点强调的字句

第六章 优秀教师的沟通技巧之课堂沟通

要简短、浅显，重点内容应当以摘要的方式适当重复强调，教师对教学目标有更好的理解和把握是重点分明的重要基础。

6. 幽默、生动

调查表明，幽默、生动经常是最受学生欢迎的课堂特征，因此，幽默、生动的教学一直是教育改革追求的目标。教师要实现幽默、生动的教学，应当善于运用表情以及肢体语言，要改善课堂气氛，除了表情、仪态外，声音的运用也是一种重要的方法。教师在课堂教学中间可以适当安排穿插笑话、趣事、诙谐的言辞等，应切忌平铺直叙或太过理论化。应当在课堂教学一开始就通过吸引人的开场白抓住学生的注意力，如利用社会事件、生活实例、问答、游戏等。

7. 清晰明确

清晰明确是课堂教学的基本要求，它直接影响课堂互动，因此要求教师口齿清楚、重点明确、遣词造句精确，不含糊其辞或语义不清，讲解要注意有条有理，注意推理和逻辑顺序，由浅入深、由简入繁，做到深入浅出，防止杂乱无章、支离破碎。具体地讲，还包括手势不要太多，以免分散学生的注意力；身体移动不要太快，以免影响师生间进行交流等。

另外，教师在课堂上还应特别注意自己无意的话语和动作，避免犯"一不小心"式的错误。

有些教师在语言中经常夹杂着许多不是标点符号的"标点符号"，如"这个这个，那个……""就是说……""啊、啊……"等，学生听来会感到十分心烦，甚至还会有人帮你义务"记数"——数一数在一节课里你一共说了多少句口头禅。即使是外语老师，也得注意不要沾上一些"洋口头禅"。千万别让学生送你一个"ok 老师"或"soso 老师"的雅号，然后认为你的教书育人水准也"just so so"。在师生沟通的各种语言障碍中，教师的口头禅属于"最烦人的语言"。要使教师的语言流利，基本上没有口头禅，甚至听上去达到了出口成章的程度，除了要非常熟悉所讲的内容之外，有意识地、熟练地使用一些连接词十分重要。例如，可以把"首先……接着……然后……最后""不但……而且……""一方面……另一方面……"等若干组链接词预先串接在自己的教学内容中，作一个简短的内心预演。再加上适度的停顿和节奏处理，你的表达效果就会大大提高。

有时教师的一个无意识的动作，一句无意的话语，都可能给学生造成消极的暗示，妨碍师生之间的积极交流。请看一种常见的情形：离下课还有 15 分钟，教师却不加掩饰地看了看表，对学生说："现在，我们讲最后一个问题……"课堂里不少同学马上开始蠢蠢欲动：有人开始看手表，有人东张西望，即使再有笔记要记也写得歪歪扭扭……又如，一位教师刚走进教室就皱起了眉头，接着又望着窗外（外面不远处是一个正在施工的工地），然后开始埋怨："噪声在那么这么大？你们就一直在这样的环境里上课？"学生听后发生了共鸣，也在心里抱怨："是啊！教室的环境这么差，叫人怎么学得好？"

师生在上课开始时就处于这样的心理状态，这节课的效果可想而知。面对教室外的噪音等不可能马上消除的干扰因素，教师绝不能当着学生的面表现出不满、烦躁等消极情绪。聪明的做法是转移注意力，把干扰的影响降到最低程度。教师一站上讲台，就进入了职业角色，对自己的一举一动、一言一行都必须十分小心，而不能动辄就犯"一不小心"式的错误。

第六章　优秀教师的沟通技巧之课堂沟通

第二节　控制课堂提问

一、兼顾各类问题，加大高认知水平问题的比例

根据布鲁姆的认知目标分类理论，可将问题按认知水平由高到低划分为知识性问题、理解性问题、应用性问题、分析性问题、综合性问题和评价性问题六类。教师提问时应当兼顾各类问题，高认知水平的问题能够激发学生的创造性思维，有利于促进学生思维能力的发展。在回答高认知水平问题的过程中，学生需要将新的教学内容与原有的知识经验加以综合运用，或分析，或预测，或评论，从而使其想象力、直觉能力、洞察能力等都得到锻炼，其创造性思维自然会有所发展。

二、问题"少而精"

教师提问更重要的目的不在于检测学生对知识点的掌握程度，而在于激发学生的学习热情和主动思维的习惯，所以问题的数量首先不宜过多。这是因为：①多则易滥，过多的问题容易使教学整体出现散化倾向，冲淡了教学过程的逻辑性，淹没了教学的重难点；②问题一多，答问时间必然缩短，时间上也不允许学生深入思考，其结果是学生只作出简单反应，或者教师代之回答，而开启学生思维的目的则不能达到。所以，所设计的问题要"精"，那些理解性、记忆性的问题，如果不是为高认知水平问题做铺垫，大多数可略去不问。

三、适当延长候答时间

适当延长候答时间对发展学生的思维能力意义重大。延长候答时间不仅对学生有帮助，而且对教师亦有助益。一方面，教师可利用候答时间与学生进行非言语交流；另一方面，教师可更好地观察学生的反应，判断提问的效果，从而及时调整提问行为，使其更加完善。

四、善用非言语行为

一方面，为帮助教师有效地开展提问，需要建立一种民主、和谐的问答氛围。恰到好处的非言语行为能在不知不觉中起到"此时无声胜有声"的作用。另一方面，教师应善于观察学生的非言语行为，据此把握学生的答问心理，调整自己的行为。

五、发挥集体教育的力量

该策略是指在提问中让学生充分表达自己的思想，借此发挥学生之间对创造性思维的激励作用。当教师提出一个高认知水平的问题后，便指导学生各抒己见，自由发言。允许同一个学生对一个问题提出多种答案，也允许多位同学对同一个问题作出不同的回答。对于非同寻常的"怪"答案，只要不离题，亦应予以采纳。可以求量为先，以量生质，

答案越多，得到好答案的可能性越大，有助于教师引导学生吸收利用他人观点以完善自己的观点。

六、探问

探问的作用主要体现在以下 4 个方面：①探问可避免学生仅对问题作"对与错"或"是与否"的表面回答，使学生明确应答的根据，反思先前的思维过程，增加应答的深度，提高参与质量。②探问使学生能从不同角度或更多方面考虑问题，通过重新审视原有答案与相关信息的关系，扩展最初的回答，使回答更全面。③探问能够挖掘出问题背后所隐含的知识点，帮助学生加强新旧知识之间的联系，促成新旧知识系统化，培养学生举一反三、触类旁通的能力。④探问能够向教师反馈学生的某些学习信息，教师可以从中了解学生的思维方式和思维过程，诊断学生的学习问题，采取相应的补救措施。

七、延缓评判

处理高层次、无确定答案的问题时，教师应延缓评判，待学生充分发表意见之后，再加以归纳总结。因为高层次的问题要求学生运用多种思维能力，进行深入广泛的思考，而这本身需要较长的时间。而适当延长学生的思考时间，可使其思维成果更加成熟、完善，也更有可能提供富有创见的答案。教师对学生的回答不急于作评判，而是鼓励学生畅所欲言，则可以在课堂上营造出安全与自由的氛围。

八、利用学生的观点

利用学生的观点是一种重要的策略，它是指教师对学生回答的反应，以及教师整理学生回答过程中呈现的观点，以增强学生的自信心，激发其参与提问活动的热情。

第三节　激发学生动机

　　动机是激起一个人去行动或者抑制这个行动的一种意图、打算或心理上的冲动。动机是影响学生课堂行为的基础，控制学生的课堂行为应当首先控制动机，当然，动机是建立在需要基础上的，对动机的控制通常是从需要入手。动机也可以区分为内在动机和外在动机。

　　心理学研究表明，人们为完成某项任务所愿意付出的努力程度取决于2个方面：①对完成这项任务的后果期待的程度（奖励程度）；②完成这项任务的可能性。因此，课堂中的教师激发学生动机主要有两条途径：①使学生认可教师要求的课堂活动的价值，认为这是值得付出努力完成的；②使学生认识到经过努力他们是可以做得到的。

　　就第一条途径而言，要求教师充分了解和调动学生的需要，并将这些需要与课堂中期待的行为联系起来。比如青少年学生通常会把同伴的认可看得非常重要，如果课堂中的教师对配合课堂活动的学生给予一种能在同伴中产生"羡慕"的奖励，就能有效发挥激励作用。第二条途径要求教师的课堂目标、课堂要求必须符合学生的发展水平，与学生的能力和基础相适应，绝大多数任务或者要求，相应的学生经过努力是可以达到的，这样反过来会提高学生自己的期望水平。如果任务过于困难，学生经过努力也无法达到，无论完成任务多么具有诱惑力，都很难激发学生完成任务的积极性。

　　为有效地利用动机理论，不断激发学生课堂行动的积极性，课堂中的教师应当注意以下方面：

一、建立良好的课堂气氛

课堂中良好的心理气氛是激发动机的基础，如果学生处于焦虑中，课堂处于混乱中，则很难产生教师期望的有效的课堂动机，为此需要教师热情、稳定地支持学生。如果学生感受到他人的重视、关心和支持，会产生归属感和对集体规范的认同，就容易产生有效动机。

二、挑战和困难水平要适当

课堂中要求学生完成的任务如果太熟悉或太容易，学生很快就会失去兴趣，使得激励价值丧失；如果课堂任务太难，学生力所不能及，往往会导致他们丧失信心，直接放弃努力。我国课堂教学中普遍存在的现象是，具体性的教学任务往往缺乏挑战性，比如提问多数为记忆性问题，高层次的思维问题很少（也许教师希望学生得到成就感或者为了避免学生回答不了问题的尴尬），而抽象的任务（如提高到第几名等）往往要求较高，学生难以达到，这导致了激励作用的降低。

三、通过维持成功的期望激发动机

研究表明，那些认为自己有能力或者高效的个体会更努力和更有坚持精神，他们相信自己有能力成功地完成任务，能赢得成功的奖赏。行为归因研究发现，把行为归为内在可控原因的学生，往往会比那些把行为归于外在的或者不可控的原因的学生更努力或者更能够坚持。为此，教师要使学生认识到并确信，完成任务付出的努力程度与个人期望成功

的程度是一致的，能否取得成功取决于自身而不是外在的因素。

四、通过有效的教育目标设置、课堂表现评价激励学生

教育目标是激励的基础，难易适当的教育目标是激发课堂动机的基础，而教师对学生课堂表现的及时反馈，能够起到更好的激励作用。研究发现，延迟反馈往往会降低激励的价值，表扬与批评的运用可以实现对学生不同动机的有效强化。

五、帮助学生辨别努力与结果的关系，进行有效归因

课堂中有些学生往往会沮丧地认为自己努力了，却达不到要求，主要是自己能力不足的原因。教师帮助遇到困难或者挫折的学生进行有效归因是十分重要的。为此教师可以做到：为这些学生进行示范；提供相关的参照，使这些学生看到自己的进步；使学生意识到学习是需要累积的，成功就是日常努力"零存整取"的结果。

六、激发学生内在动机

内在动机使学生发觉这些活动正是他们的需要，从而不用教师要求就会积极参与，激发内在动机是更好地解决课堂问题的途径。教师可以采取的措施包括：活动设计要与学生个人的兴趣吻合；为学生积极回答提供机会；开展具有游戏特点的活动；融入想象和模仿因素；提供学生之间互动的机会。

第四节　纠正学生行为

一、关注有失败危险的学生

课堂管理中的另一个挑战是学业上有失败危险的学生，这种学生存在于那些经常不完成作业、不参加教学活动的学生中间，他们完成当前的学习任务有困难，需要特别的教学步调、经常性的反馈、补课，他们需要充分的条件和灵活的管理来让他们积极地投入到学习过程中。有失败危险的学生几乎存在于所有的课堂中，他们通常是挑起各种课堂问题行为的潜在对象，可能导致良好的课堂气氛变得难以控制。使这些具有危险的学生投入课堂教学活动的策略包括：

（1）围绕学生的兴趣、需要和经验开发课程。这将提高他们的注意力，促使他们积极投入到学习过程中。

（2）像鼓励书面表达那样鼓励口头表达。有失败危险的学生通常清楚自己的书面表达难以达到最低要求，因此他们经常想方设法回避书面作业，如果采用一些口头表达方法，布置一些声音或录像的作业，往往可以降低他们的焦虑，提高他们的积极性。

（3）提供学习辅助材料。这样可以帮助这些学生认识最重要的问题、内容或事件，帮助他们取得成功。

（4）传授学习策略。学习策略的有效运用不仅可以提高学习成效，

更重要的是帮助他们树立信心，从而积极投入到课堂学习活动中。

二、低姿态的课堂控制

这是教师采用的一种课堂处理策略，使用它能够在不破坏课堂正常进行的情况下制止违规行为。这些技术对制止"表面行为"非常有效，这些"表面行为"代表了课堂里的绝大部分捣乱行为，如哈哈大笑、不按次序发言、递小纸条、做白日梦、不遵指示、梳头、精神不集中地胡写胡画、轻敲桌子、发出异声等，这些行为是这些学生在一起的正常发展阶段的行为，不代表某些隐藏的情绪上的混乱或者人格方面的问题。但如果放任自流、不加约束，就会破坏课堂的正常秩序，妨碍其他人专心致志的学习。处理这些行为通常包括 3 个步骤：预期、修正和反应。

1. 预期

预期是教师要提前预期到这些行为的出现，并在这些情况发生时能够及时把握，有经验的教师通常有比较准确的预期。另外，预期也包括准备好一些技术手段，使多数学生在不知晓的情况下制止这些行为。

2. 修正

高明的教师能够很好地预期学生的行为，能感觉到什么时间可能出现什么样的捣乱行为，通过走近那位将要捣乱的学生，从而制止了学生的不良行为；还有的教师通过有特定表情的目光制止或者修正学生的某些不恰当的行为等。当问题的潜在严重性升级时，有效的管理者与将要发生的捣乱行为的严重性程度同步变化，从非言语技术转换到言语技术。

3. 反应

预期和修正能够有效而不留痕迹地制止某些破坏教学活动的进程，给学生自我改正的机会，这样可以发展他们的自我控制能力。然而，教室是一个忙碌的地方，有很多地方需要分配教师的注意力，导致了采取预期和修正活动的困难。

当捣乱行为发生而教师不能预料到或者不能不留痕迹地进行修正时，教师的基本目标应当是尽可能迅速地结束闹剧。有效的课堂管理者必须时不时地对某些行为作出反应，发出警告，或给予刺激，以促进良性的自我控制。教师的反应首先需要一个与问题行为相关度守则以及破坏该守则所承担的惩罚，这条守则是班级章程中的一条。当某一个学生发生不良行为时，可以立即表扬附近表现良好的学生，如果该生继续捣乱，可以采取警告，甚至一些比较激烈的措施。

三、对捣乱行为的反应

对一般的课堂纪律问题，上述的预期—修正—反应是可以解决的，如果仍然不能解决，可以有更多的选择，根据学生捣乱行为的严重性程度可以逐渐增强的措施按顺序包括：

（1）严厉地望着该学生；

（2）朝该学生走去；

（3）命令该学生提供下一个反应；

（4）同该学生讨论这个问题；

（5）将该学生安排到另外的座位；

（6）给予惩罚，如布置某些作业；

（7）命令该学生课后留下来；

（8）给该学生家长写便条；

（9）请学生家长到校谈话。

一般来说，像讲话、小动作、打扰别人等轻微的违规行为，教师在最初的时候可以给予温和的回应；如果反复出现，教师可以给予中等程度的反应；只有影响到课堂的正常进行的时候，在多次处理无效的情况下，才可以采取一些严厉的措施。对课堂中的中等捣乱行为，开始可以给予中等的警告，如该行为不能被制止，可以采取一些严厉的反应。严重的故意捣乱行为应该给予严肃的处理，但要注意不要把任何严重行为都在课堂中处理，如果必要，一定要交给学校，由校方处理。

四、一些严重课堂问题的处理

1. 课堂中的粗野行为

学生在课堂上对教师的话做出傲慢无礼、目无尊长的粗野行为，常常是令教师感到意外的，面对这样的情况，教师最忌讳的就是发作。因为愤怒会削弱教师客观地处理事务的能力，同时发怒也在告诉挑起事端的学生，他恰恰击中了教师的要害，伤了教师的心，而这可能就是他所期待的。发火也会对其他学生形成一种强化刺激。

这个时候教师控制情绪是最为关键的，如果教师平静而迅速、果断地做出理性的应对，这位学生反倒会不知所措了，镇定自若、当机立断的行为就是最好的处理方法。比如，面对发难的学生，教师严肃、坚定地告诉他下课留下来与教师谈，而教师无需对该学生的具体行为问题做出回应，然后恢复全班的学习秩序。如果学生继续发难，教师最可能的反应是以恶制恶，但这往往会形成更为严重的对抗。这时如果教师平静地告诉他，希望能想出对问题的另外看法，这样的以柔克刚往往更容易化解危机，真正的问题留待下课后再处理。面对这种情况的应变，需要教师平时有思想准备，更需要教师具有很高的职业修养。

2. 在课堂上公然违抗命令

有时候在课堂上，教师要求学生做一件事情，但遭到学生公然的拒绝，这样公然藐视尊长的行为会使全班学生目瞪口呆，他们期待知道这样违抗教师将会得到什么样的后果。出现这样的危机，教师迫切需要维护自己的尊严，挑起事端的学生也要维护自己在同学中的地位，双方的让步似乎都是困难的。有这样行为的学生往往有教师不知道的特殊原因和背景，否则很难出现这样的情况。

这时候教师绝不能发火，而需要冷静、果断、从容。年龄小的学生，教师可以强行把他带出教室；年龄大的学生，教师必须注意避免与其肢体接触，可以尽量坚定而客气地再重复一下你的要求，不必提高声音，也许他就决定妥协了。如果再次拒绝，教师就让他讲出拒绝的理由，如果有正当的理由，教师应当妥协，就此作罢，这样不但可以不伤情面，而且还能表现出教师的民主、平等与宽容。如果学生没有合理的理由，教师可以说"看得出你不想做，这也是可以理解的，但事情很重要（或者我们需要你），希望你能够承担这样的责任"，而使其就此服从，教师也可以保全面子。如果学生继续拒绝并且态度生硬，那么就同意他不做，但明确要求该学生下课后再谈。教师也可以选择面对面的冲突，告诉学生可以不做，但必须承担由此带来的后果。

3. 武力侵犯教师

这样的事情虽然很少，但面对身体发育基本成熟的高中生，这样的风险还是有的。学生对教师的武力侵犯往往是某些事情积累到一定程度的结果，教师应当将事情解决在过程中，如果积累到课堂中的武力侵犯，教师的工作就失职了。

一旦发生武力冲突，教师不得已的选择只能是回避，如果直接对抗，往往会产生非常严重、难以收拾的后果。无论如何，在课堂上动手打了教师的学生出手后总会不知所措，教师的躲避、冷静、不还手对他

将是最大的威慑，通常情况下，武力行为就难以再进行下去了。当然，如果教师的体魄明显优于学生，也可以采用抓住学生的手制止武力侵犯等形式。

4. 学生之间的打斗

直接武力侵犯教师的学生极少见，但学生之间的打斗却是常见的，尤其是发生在课下。遇到这样的情况，教师要做的是喝令他们住手，其实他们也希望找到不失面子停止的借口，教师平静而果断的喝令、制止，通常就可以解决问题，因为他们知道这是违反校规校纪的行为。打斗被制止后，课下再听他们解释，处理他们之间的冲突。

第七章
优秀教师的沟通技巧之方式

    随着时代的发展，老师与学生、家长之间的沟通手段越来越多了，由原来的传统的面谈、家访、评语、写信等方式发展到现在的电话、博客、电子邮件、QQ等方式，各种各样的沟通方式为人们提供了便利的沟通渠道。当然每一种方式都有其自身的优点与缺点，一个优秀的教师要善于选择合适的沟通方式，进而达到良好的教育效果。

第一节 家 访

在过去，家访曾是一个老师了解学生、与家长深入交流、达到良性沟通的得力助手和重要渠道，许多优秀的老师也都以善于家访而著称。

然而，随着时代的进步、科技的发展，教师与学生之间的交流越来越趋于快捷化，比如，电话里的一声问候，手机里的一条短信，网上的一声祝福，就能达到双向交流的目的，"费时费力"的家访似乎应该淡出师生沟通的舞台了。但是，在这些快捷交流的背后，是不是还有一些遗憾呢？所有那些快捷的沟通，毕竟只是声音的传递或者文字的传输，根本取代不了面对面的情感交流！现代通讯工具虽然方便了教师与学生、家长的联系，但事实上也拉大了教师与学生以及家长的情感距离。

家访是老师和学生、家长面对面交流的一种宝贵机会，是教师对学生及家长的一种平等的尊重，是感情的一种真诚的、直接的交流，是教师与学生沟通工作中不可缺少的一个相当重要的方面。教师与学生之间的沟通，并不仅仅限于学生本身，教师与学生家长的沟通也是教育中的一个必要环节。这就像看树上的苹果，站在一个固定的地方，看到的只是一个侧面，而不会是全部一样，一个优秀的教师要达到全面了解学生的目的，就应当将平凡的家访工作做得更有特色，从而更有效地、多层次、多渠道地达到与学生沟通、交流的目的。

是的，家访是教师了解学生校外生活状况的重要途径，通过家访并结合学生在校内的表现，教师才有可能对学生有一个比较全面和正确的认识，才能有的放矢地因材施教，教育和引导学生朝正确的方向顺利发展。家访一方面显示了教师对于学生家庭的关注，是教师与家长沟通学生的学习、品德等方面情况的一个重要平台；另一方面，通过这样一种情感的沟通，也会使家长和社会对老师和学校有较为透彻的了解，更容易使家长对学校的各种举措产生认同感。教师放下课堂上庄严的架子，就像朋友拜访那样来到学生家中，这本身就带来了一份真诚，带来了一份关切。而家长的热情接待又流露出了对老师的敬重，对学校的理解与支持。说到底，家访是一座桥，一座架起教师与学生心灵间亲密沟通的桥梁。家访，是一种感情的催化剂，它密切了教师与学生之间的感情，建立起了鱼水般的师生关系，熔铸了师生间最纯真、最永恒的一份友谊！

无论这个时代怎么变，老师对学生的爱不会变，而家访这一传统沟通方式也不可丢。教师走进学生家庭，访问学生及家长，目的就是要进行行之有效的交流，并通过交流，加强了解，增加信任，解决各种矛盾。但老师要进行家访不仅仅是走进学生的家门就可以了，很多学生对老师的家访都心存偏见，总以为老师上门就是告状来了，而在不少家长眼里，家访是个贬义词，似乎只是孩子表现差了或成绩倒退了，才会有家访。这是很多学生和家长的误解。

如果教师不了解家访的方法和技巧，真的是因为学生出问题了才去学生家，而且进门就一直讲学生那些表现不良的现象，势必会给学生这样的感觉，家访就是老师来"告状"；给家长的错觉也就成了老师实在没有办法了，才到家中当着家长的面，对孩子进行批评教育的。长此以往下去，家访便走入了误区，轻者成为一种表面形式，达不到预期的目的，重者还容易引起学生和家长的反感，影响到以后教师与学生的沟通。

那么，教师如何避开误区，进行成功的家访呢?

第七章 优秀教师的沟通技巧之方式

一、将家访作为一个沟通契机

没有哪个家长不希望学校和老师教育好自己的子女，没有哪个学生不渴望自己成才。因此，教师在进行家访时，不妨打破家访是"了解情况"、"商量对策"的定式，而把它作为一个联系学生和家长的契机，一个便捷的通道，一种有效的途径，加强交流，以心灵感受心灵，以感情赢得感情，从而建立起一种互相理解、互相信任的友情和工作关系，使家长从心底萌发出一种"自己人"的感觉，自觉地负担其教育孩子的责任，同时也在学生心目中埋下一颗真诚的种子，使他隐隐产生一种亲情、一种信赖，甚至视老师同父母，彻底扔掉师生之间的那种心理距离感，使他不再反感教师的正面引导，从而实现学生自我教育的目的。

二、要切实把握好时机

选择恰当的家访时机，有助于教师与学生之间建立信赖关系，融洽感情，顺利完成家访任务。比如在接手一个新班级后，当学生遇到困难、成绩下滑、情绪出现异常时等，教师及时进行家访，就能有的放矢地与学生进行有效的沟通，做好学生的思想工作。还有，在学生生病时家访，以探望形式进行感情投资，收获也较大。在家长和学生都很感激的气氛中，教师委婉的批评、要求，会立即转化为学生的自觉行动。

三、家访目的要明确，切忌走过场

为保证家访的实效性，每次家访的人数不要贪多，还应制定一个周密的计划。要根据学生的具体表现，分出轻重缓急，还要根据学生的居住区域，来决定一次家访哪几家，但一定不要贪多，否则，会严重影响家访的效果。

四、家访时谈话要讲究艺术性

教师家访谈话要有方向、有目的，要讲究艺术性，切不可漫无边际地闲聊。否则，既浪费了自己的时间，也耗费了学生和家长的热情，使学生和家长对老师的谈话失去兴趣。教师在与学生和家长谈话时，应该从赞扬的角度切入话题，并委婉地指出学生的缺点，这样，不仅在家长面前给学生留了脸面，拉近了师生距离，也使谈话气氛活跃，场面融洽和谐。

五、家访要面向全体学生

家访不应该仅仅局限于"出了问题之后"，也不要局限在"后进生"身上，家访要面向全班学生。只有家访面向全体学生，才能摆脱过去总是访问"差学生"的印象，才能克服学生对家访的恐惧和反感，才能消除家长的紧张感，最终脱掉家访等于"告状"的帽子。

六、做好家访记录，及时反馈

每次家访后，教师要及时地写出详尽的家访记录，把家访过程、家访中达成的共识、家访中受到的启发及家访中发现的问题——记录下来，并根据学生在校内的学习、行为表现，结合家访中了解掌握的资料，及时反馈，对学生重新分析评估，制定新的教育方案和措施，不失时机地对学生进行深化教育。

总之，家访是一门师生沟通的艺术，是一份教师对学生爱心的奉献。城市学校，特别是寄宿制学校，因为学生居住的位置大都离学校比较远，也比较分散，这就给教师的广泛家访带来了很难克服的困难。所以，除了家访，教师还可采取召开家长座谈会、邀请家长校访或通过信件、电话等方式，及时和家长沟通学生的情况，达到与学生及家长沟通的目的。

第二节　班　会

　　老师的工作是繁忙而又琐碎的，对于班级中普遍存在的现象，要挤出时间与每个学生进行个别谈话实属不易，而只凭严厉的指责、训教又难以走进学生的心灵，达不到好的说服效果。这时，我们不妨借助开班会的途径给学生拨开人生路上的迷雾，及时矫正其不良的心理动态，使班级始终沿着积极、乐观、健康、向上的方向发展，使教育沟通变得省时省力。

　　开好班会要注意以下几点：

一、主题要有明确的目的性、较强的针对性

　　班会的主题一定要有明确的目的，不能东讲一点，西讲一点。否则，只能分散学生的注意力，不能达到预期的效果。班会的主题也要有较强的针对性，可以结合当前的形势，也可以结合学生实际情况选择容易引起学生兴趣的主题，这样才能激发学生的讨论、思考、辩论的热情。

二、做好充分的准备工作

　　俗语说："台上三分钟，台下十年功。"一节成功的班会就像一台

进行现场直播的综合性电视节目，具有较强的可预见性和不可预见性。因此，老师在开会前要对班会的每一个细节都做好周密的安排，特别是一些汇报式的主题班会，要提前安排学生去调查、研究。

昆明市的特级教师唐峰老师曾搞过一次名为"雏鹰展翅绕春城"的主题班会。主题确定后，他做了大量的准备工作：

一是发动全体学生调查所居住城区的历史、市政建设、交通情况、风土人情、特产等多方面的特点，并在整个过程中经常深入到学生当中进行指导和了解情况，并对学生的调查过程、结果进行评比。

二是和学生干部一起，设计最后的竞赛活动中的题型、题量、奖品等。

虽然整个准备过程花了两个月时间，而最后以竞赛形式的汇报成果的主题班会只进行了 50 分钟，但在所有学生中引起的影响却非常深远。

三、充分发挥学生参与的积极性

班会主要是让学生达到"自我教育"的目的，如果整个过程让学生参与组织、实施，老师则充当"幕后功臣"的角色，就能取得更好的沟通效果。

在董红梅老师的班上曾经开了一节名为"面对挫折"的班会。班会前先由学生自编、自导、自演一些小品，内容都是学生在日常生活中经常遭遇的挫折，然后组织全班学生来观看并讨论怎样面对这些挫折。

由于整个班会过程由始至终都有学生的参与，董老师只在其中起到指导、点拨的作用，所以在课堂上几乎全体学生都积极地发表了自己的见解。最后，大家形成了一个共识：要勇于面对挫折，客观分析、冷静思考，或请教别人，找出解决问题的方法。这次班会虽然随着一曲《爱拼才会赢》结束了，但它让学生在班会活动中接受了教育，经受了锻炼，增长了才干，也给全班学生留下了难忘的回忆。

优秀教师的沟通技巧

四、重过程，轻结果

当老师引导学生对一些较具争议性的问题进行谈论时，不是一定要对问题下一个绝对"对"或"错"的结论，只要能触动学生对问题进行积极思考、激烈辩论就达到目的了。

有一段时间，郑明老师发现班上的学生存在抄作业的现象。虽然很多学生明知道抄作业是不对的，但却很少有人拒绝借作业给其他同学作"参考"，甚至班干部也对此现象熟视无睹。

针对这种情况，郑明老师便精心设计了题为"应不应该抄作业"的班会，把全班分为两大组，分别代表正反两方，各方派代表进行辩论。由于选择的内容就是发生在学生身边的事，他们对此有深切的感受，因此正反两方都能有理有据地对自己的观点进行激烈的辩论。最后结果是反方胜利了，他们认为：抄作业是偷窃别人的劳动成果，是不对的。但讲座并没有随着班会的结合而停止。开完班会后，许多学生还意犹未尽地继续讨论，而抄作业的现象也随之大大减少了，从而在班中形成了良好的学风。

五、善于抓住教育契机

也就是说我们的老师一定要"眼观六路、耳听八方"，抓住一些有利的教育时机，在适当的时机召开班会，往往能取得很好的沟通效果。

担任高三毕业班班主任的陈利伟老师在毕业前夕，发现学生们虽然都在忙于毕业复习，但思想比较复杂，他们正面临着人生的一个十字路口，面对来自社会、家庭、学校各方面的"压力"，对未来并没有太大的信心。

在这关键时刻，陈老师经过反复思考和精心策划，决定在全班举行"十年后一席谈"的班会，并且要求学生在班会上讨论这样的问题：经过艰苦奋斗，十年后的你、我、他，将会有怎样的作为呢？有朝一日，我们相聚在一起，你要告诉大家一些什么？

经过班会上大家畅所欲言的交流与沟通后，全班学生的情绪稳定，精力集中，班上勤奋学习的风气更加浓厚。

六、结合学生心理、年龄特征，开展形式多样的主题班会

对于学生而言，随着知识的增多，抽象思维能力也随之发展，比较容易接受感性的事物。因此，班会的形式不能太过单一，除了常用的竞赛、文艺表演、讨论、辩论等形式除外，有条件的话，老师还可带学生到教室外进行实地的班会课。如到海洋馆进行海洋科学考察，到戒毒所与干警、戒毒病员座谈，利用假日骑自行车到郊外感受大自然陶冶，到贫困的农家或具有教育意义的纪念馆、博物馆参观等，让学生身临其境往往能取得意想不到的效果。

七、引入多媒体工具，加强直观效果

随着科技的发展，形形色色的电视、电影节目，五花八门的电子游戏、杂志无不吸引着学生们的注意力。如果在这样的环境下我们还只用干巴巴的说教来进行教育沟通，则很难引起学生参与的兴趣。据有关研究表明，人们从听觉获得的知识能够记忆15%，从视觉获得的知识能够记忆50%，如果视听结合起来记忆的内容达到65%。因此，如果老师能够巧妙地使用多媒体工具来渲染班会的气氛，让学生在你所创设的特定情境中去感受勤奋、勇敢、奉献、坚强、平凡……感受人生一切生

存的价值与意义，就能引起学生内心最真实的情感，使他们受到激励和鼓舞，无形中就会提高班会的沟通质量与效果。

　　总之，班会是班级各项活动中的一个重要组成部分，也是搞好班集体建设的一个重要环节。作为老师，我们要精心设计好每一节班会，使其真正成为学生之间交流经验的阶梯、师生沟通心灵的桥梁。

第七章　优秀教师的沟通技巧之方式

第三节　网络交流

在这个信息社会里，网络已经成为人们生活中不可缺少的一部分，当社会上各种工作都能通过网络这个平台展开时，我们的老师为什么不能有效利用网络这一媒介呢？更何况在互联网上，每个人以平等的身份进入网络，学生比以往任何时候都更愿意敞开胸怀，这可以让教师能更加清晰真实地发现、了解学生的思想动态，更易于与学生沟通，进行平等的思想交流。

一、网络沟通的作用

1. 完善教师的网络态度与知识、经验

在学生普遍认可网络的今天，教师只有自身具备了网络知识和上网经验，才能不被学生视为老土，才能被学生引为知己，才能与学生有共同的话题，才能拥有与学生交流的最前沿的平台，老师的教育才有说服力。在世界范围内，网络沟通与交流的贡献已不容置疑。一个从不知网络为何物的老师，特别是那些只知一味地说网络的弊端，反对学生上网的老师，不但起不到教育学生的作用，反而容易引起学生的叛逆心理，造成学生与老师敌对，降低了教师的威信。

2. 借助网络，可及时发现并纠正学生思想上的偏差

有时学生沉溺于网络，往往是由于现实中种种问题得不到解决，而到网络中寻求慰藉。因此，当教师通过网络与学生进行交流，发现学生有什么异常行为时，应该积极地进行科学、准确、有效的心理教育。通过说理和文字媒体给予学生帮助和启发，解开学生的心结，使其内心梗阻的地方畅通起来，从而使学生树立起正确的世界观、人生观。

二、网络沟通方法

网络沟通与现实沟通相比具有较大的不同，教师要重视网络沟通的技巧，网络沟通技巧直接影响着师生的网络沟通效果。

那么，在这个虚拟的世界里，教师如何做，才能达到沟通的预期效果呢？

1. 确立师生平等的网络角色

在师生网络沟通中，教师的角色定位必须进行较大的转变，从"控制—服从"模式转变为"平等—合作"模式。在网络中，教师首先是学生的朋友，其次是其长者、良师，师生之间应该是平等的交往关系。教师能否以朋友身份与学生进行平等的沟通，直接影响并决定着师生网络沟通的成败。在诸多的师生网络沟通成功案例中，教师几乎都以朋友的身份与学生进行沟通交流。在"平等—合作"模式中，教师以朋友的身份了解学生的思想、倾听他们的心里话，设身处地去帮助学生分析问题、解决问题，帮助他们学会面对困难、解决困难，就可以赢得学生的尊重和信任，使师生网络沟通进入良性循环。

2. 尊重学生的隐私

在师生网络沟通中，教师必须尊重学生的隐私，为学生保守秘密。网络的虚拟性更容易使学生敞开心扉向教师倾诉，因此，教师在网络沟通中更容易了解学生个人或他人的隐私。对于学生不愿公开的隐私问题，教师要为其保守秘密，对其他教师和学生家长也要保密。

但是，教师对学生而言是一个特殊的群体，他们不仅仅是学生的益友，更是学生的良师，特别是对未成年学生的严重问题，最好先取得学生的同意，然后及时与学生家长或其他教师沟通。没有取得学生同意或在其不知情的情况下，教师向学生家长或其他教师反映自己了解的情况，要共同采取比较艺术的方式，否则不仅会失去学生的信任，对那些心理承受能力较差的学生，还可能造成心理伤害。

3. 运用多种网络沟通方式

（1）"一对一"沟通与"一对多"沟通。"一对一"沟通指教师与学生利用网络一对一单独地进行个别沟通，"一对一"沟通的特点是私密性强，沟通双方容易把自己的内心感受表达出来，有较好的沟通深度。教师为加深与学生之间的信任与了解，或发现某些学生表现异常，通过面对面沟通效果不佳时，可以采取这种沟通方式。"一对多"沟通指教师与多个学生利用网络同时进行沟通。"一对多"沟通的特点是沟通效率高、节省时间及网络资源。"一对多"沟通更多地倾向于讨论大家所共同关心的话题，可以是自发的，也可以是有组织的，群体内成员可以参加讨论，也可以旁观。

（2）匿名沟通与实名沟通。匿名沟通指在网络中沟通主体隐瞒自己的真实身份与他人进行沟通。匿名沟通的特点是匿名方不用担心自己的身份会带来不便，沟通双方均较为放松，比较容易将自己平时不愿意表露的观点和想法说出来，这就更容易使沟通深入。实名沟通是指沟通主体在网络沟通时表明自己的真实身份，使沟通内容更具真实性，它是现实生活中面对面沟通的延续和很好的补充。教师发现由于某些原因导致与学生的沟通发生障碍，可以借助网络进行沟通。特别是在实名沟通影响沟通质量或沟通无法顺利进行时，匿名沟通往往能发挥积极的作用。

在沟通中，教师要进行疏导，而不是说教，在疏导中达到对学生的指导和教育的目的。面对学生人际交往等方面出现的问题和困惑，教师通过网络与学生进行沟通，更能发挥现实沟通所不能达到的良好效果。

师生网络沟通不仅便利和快捷，而且如果运用得当，还会发挥其他沟通方式不能达到的效果。在网络时代，我们要重视师生网络沟通的重要作用，掌握网络沟通技巧，使网络成为师生沟通的一个重要桥梁。

第七章　优秀教师的沟通技巧之方式

第四节　周　记

所谓"周记对话"，是指教师首先要求学生把自己在学习、生活、工作、人际关系、家庭、心理等方面所碰到的疑难问题在周记中提出来，然后根据问题的不同性质通过笔谈、面谈或讨论形式给予解答的一种工作方法。实践证明，周记可以加强师生间的交流，尤其是那些平时较内向，不善言语的学生，可以使他们敞开心扉，畅所欲言。

实行学生周记制度，是加强学生德育建设，管理班级的一大特色。教育以人为本，要求教师了解学生，理解学生，这是教育学生的一个最重要的前提。十多岁的学生，逐渐从幼稚走向成熟，其内心日趋丰富；加之社会的改革转型，信息来源和认知渠道的五花八门，更导致其思想多元化，其心灵世界便呈现出空前的复杂。而在复杂心灵世界的背后，是学生情感交流渠道的缺失。现代社会提供给他们可以深入进行情感交流的机会实在太少，而成人往往对他们不够理解，也难以得到他们的信任。所以学生情感倾诉渠道的建设，必须引起处在教育第一线的班主任老师的重视。如若他们能及时地了解学生的思想动向，掌握第一手资料，就能疏导学生，解决问题。周记就是师生间建立感情，沟通思想的一种良好手段，同时也是学生情感倾诉的有效渠道。用周记建立起温馨的对话场景，师生可以在这里进行"零距离"的交流，从而使学生在这个过程中实现了一种倾诉和被理解的需要，也潜移默化地实现了心理健康教育与德育紧密结合的"双育"目标。

一、周记的作用

1. 周记是教师了解学生心灵的一个窗口

了解学生，沟通是必需，但常规的师生交流渠道，大多显得太郑重其事。课堂上需完成教学任务，时间紧且需循规蹈矩；办公室，虽说可一对一，但有其他老师在，学生拘谨，常是老师问，学生被动地答，心灵大门怎可开启；而平时的闲谈，虽气氛比较轻松，但机会太少，除了课间的 10 分钟，就剩吃饭睡觉时间，时间短，则不易深入。而周记就优于以上 3 种交流的方式。因为它是师生间个体与个体的交流，具有私密性和独特性，而且又是不见面的笔谈，所以就比较随意轻松。如果教师细心地去营造，学生就会真实地反映所思所为，这样，教师便可借此了解学生近期的情绪和思想活动，掌握学生的真情实感，及时发现他们的喜怒哀乐，并随时与之沟通，开启学生心灵之门。

有人说，没有一种风景比心灵的风景更美丽，没有一种风暴比心中的飓风更强烈，没有一片废墟比心的落寞更荒凉，也没有一种沃土比心的海洋更富饶。通过"周记"这个窗口，教师可以直通学生繁复的心灵世界，掌握着教育的及时与主动。

2. 周记是增进师生情感交流的纽带

师生之间推崇相互平等的朋友关系，而非传统的"师为上，生为下；师为主，生为仆；师为尊，生为卑"关系。充分利用周记这一载体，可与学生增进了解，互通感情，建立起一种良好的师生关系，营造一种宽松、和谐的学习氛围。教师品味着学生的周记，分享着他们的喜怒哀乐，然后认真回复。教师像是他们的一个朋友在倾听其心声。批改周记，就像与学生进行了一次心理谈话，而学生也等待着老师的回应。一学生向教师倾诉："我周围的空气是多么的烦闷。繁重的学习压坏了产生动力的内燃机，许许多多的部位不能正常工作了，寿命的长线还未到达尽头，却打上了一个死结。SOS!"教师开导他，学习任务重是事实，而关键是需调整内心的感受。其第二次的周记就"阴转晴"了："这些天我感到了快乐。快乐形迹无常，需要去寻找。寻找快乐须有乐观的心理，灵敏的嗅觉，撑船的大肚……"另外有学生写："我以为跟父母做朋友难，跟老师更难。可是我把你当成我的知己，有些不可以给父母讲的话，我却想讲给你听。"还有学生写给教师："老师，我好烦，我好恨我爸，他居然在外边……"

周记给他们提供了倾诉、宣泄的场地，周记让他们感受到了被爱护，被尊重以及被理解。随着周记的进行，师生间早已是其乐融融。"老师你别生气了。我们为我们上次的行为懊悔，有几个同学都哭了。我们不愿看见你的憔悴，我们害怕看见你的忧郁，希望见到你的笑容。为你祈祷，老师!"周记俨然成了教师与学生间心与心对话的桥梁，情感交流的纽带。

3. 周记是实现心理健康教育与德育教育相结合的途径

师生间感情的融洽，有利于教育工作的开展，尤其是当前倡导的心理健康教育与德育教育。随着学生生理心理的发育和发展，学生在学习、生活、人际交往和自我意识方面极易出现各种心理问题——学习压力，与父母冲突，同学间人际关系障碍，青春期情感困扰，价值观和自我意识的混乱等。同时，受应试教育的影响，德育成了学校教育的薄弱环节。有研究表明，高中生在道德意识以及行为习惯方面并没有与年龄成正比，越来越多的痛心事件向我们敲响了警钟。学生成长的过程，也是痛苦、迷茫的过程，他们彷徨，挣扎，反叛。

"期末考试快到了，大家都很紧张。听说考后重点班要调整，一颗心提到嗓子眼上了，吃不好睡不了。如果被踢出去，厄运临头，该怎么办？怎么办!"随后，教师立马安排"考前心理调治"主题班会，并把林夕的文章《没有什么不可以改变》推荐给大家。"我曾经辉煌过，可如今那样的感觉一去不返，我试着努力，可我还是下游分子，我不想这样苟且偷生，我真想尝尝从十几层高楼一跃而下的滋味……"这居然来自一个貌似平静的男孩子。教师给他写到："阳光不可能一直照着你、我的头，乌云也不可能一直罩着你、我的头！抬头往上看，是不是太阳快出来了？男子汉啊，乌云时怎能轻言放弃！""你的生命不是孤立的，而是与你的父母、亲人、同学、朋友连在一起，也与我连在一起。迈过这道坎，就是另一片天！"随后教师与其家长联系。在办公室，其母眼睛湿湿的，交谈中，才了解到孩子灰色心理的来源，教师给她提了一些建议。一段时间后，孩子终于振作起来，重新走进了阳光。

巧用周记，老师可以成为学生的引导者、激励者。用细腻的心去倾听体味学生的忧郁与迷茫，用真挚的情去抚慰疏导学生的苦闷与彷徨，使学生豁然开朗。或许我们的某些文字某些话不会立竿见影，但教师相信，老师富有远见的思想，以及真知灼见与高瞻远瞩，会像涓涓细流在其心底流过，会像美妙乐章在其记忆深处唱歌，伴其成长。

4. 周记是班主任加强班级管理的有效手段

由于碍于情面，学生不愿意直接向班主任反映班级状况，而宁愿通过周记的形式间接地为班级集体建设出谋划策，或反映班级中最近发生的事情，比如物理科代表的："有部分同学对会考学科理、化、生不予重视，课堂上开小差，看小说等。"班长的："最近临近期末考试，各寝室可能会在卫生纪律方面有所放松，希望老师早提醒。"作为班主任就可充分肯定学生的正确意见或建议，利用所得信息及时采取行动整顿治理班级。这样，既激发了学生的主人翁意识，又加强了对班级的管理。

世界上最感人的作品往往是作者的内心独白，学生的周记某个程度上也是个人独白，他们用笔呈现出自己生命流动中体验到的种种图像。驰骋于学生心灵的栖息地——周记，教师黯然神伤过，也兴奋激动过，这是一种享受。在体味学生生命的同时，教师也体验着自己生命的价值与意义，看着学生健健康康开开心心地成长，教师也会幸福、快乐！

二、周记成功案例

一天，吴老师发现平时活泼可爱的小琳好像沉默了许多，下课也是静静地坐在自己的座位上。那天在学生的周记本上吴老师发现了这样的话：

"吴老师，小琳她今天哭了，我们都去安慰她。原来，她爸爸和妈妈要离婚了，她很伤心……"

"吴老师，作为她的好朋友，我们该怎么做啊？"

原来，小琳的父母最近老闹矛盾，要不争吵不休，要不互不理睬，不管家里的事情，也不像以前那样关心小琳了。小琳感受不到家庭的温暖，好像自己是父母不欢迎、遗忘甚至是丢弃的人，一想到这里她就备感伤心。吴老师想起了《心理健康教育读本》上就有这样的内容，刚好可以学以致用。在学完这个内容之后，吴老师多次找小琳谈心，告诉她眼泪帮不了什么忙，首先得自己学会坚强地面对。在家里要多帮父母干点力所能及的家务活，想法让父母冷静下来，学着关心父母，做父母的开心果，正如书上所说的，有时候你会是父母关系改善的良好润滑剂呢。小琳看着老师，没说什么。但老师可以从她的眼睛中读懂，那是一中充满期待的眼神。老师还告诉这位在周记本上反映情况的同学，作为好朋友，要尽可能地去关心她、帮助她。

小琳努力地做着她的"开心果"：

"吴老师，昨晚我爸爸回来的时候，我已经帮他烧好热水了。爸爸摸着我的头感谢我呢。"

"吴老师，星期天我拉上爸爸妈妈去广场玩了。我提议大家进行放风筝比赛，妈妈帮我放的。我的风筝飞得最高！我们还去吃肯德基庆祝呢！"

……

过了一段时间，吴老师又在学生的周记本上发现了这样的句子：

"吴老师，告诉你一个好消息，小琳的爸爸妈妈不离婚了！她又成了快乐的小精灵。我真为她感到高兴啊！"

小文是个非常好动的男孩子，经常要闹出点什么事情出来。和同学打架了，时不时地要为班级抹黑。有一次他在周记本中写道：

"吴老师，我想在我们班里设一个图书室，每个同学都捐几本书出来，地方么，就放在教室里的那个书柜里。你说好吗？"

不知为什么，吴老师那次没有理他。只在周记本上打了个勾，写了个日期。

第二个星期，他又在周记本中写道：

"吴老师，我很想很想班级里能有个图书室，如果那样，既可以增长知识又可以省钱。私人借来借去，在谁那里也不知道，就像我，书借出去，没有拿回，现在还找不到！好吗？吴老师，我恳求你！！！！"

那天，吴老师在班级里宣布，班里将成立一个图书室，并且聘任小文作为"图书室管理员"。吴老师看到他眼中充满了欣喜。吴老师又要求小文制订好借书制度。没想到两节课后，小文的计划书就交到了老师手里。可见他"蓄谋已久"。

第二天，图书室就正式"开张"了。书柜里整整齐齐地摆满了书，课余时间，借书的同学就把小文的桌子围得满满当当的，这"火暴"的场面，说明图书室在同学们心中还是很受欢迎的。看着小文在同学借书时，认真记录的样子，还真像个真正的图书管理员。多了这份"工作"，他少了疯玩追打的时间，一段时间过去，很多任课老师反映，小文的进步挺大的。由此，吴老师也想到了这句话：学生自身擅长的事情让他做好了，他会有成功感；学生不擅长的工作让他成功一次，他会收获加倍！班级里要事事有人做，人人有事做，让学生学会自我管理，管理好自己，管理好班级，真正做好班级的小主人。午休时间，满教室跑的人没了，多的是捧书而读的一种宁静。在自由安排的课堂上，教室里悄然无声，同学们一个个埋头读书，完全沉浸在书的世界里。此时，书香就像花香一样弥漫在教室的每一个角落……

给学生一些权利，让他们自己去选择；给学生一些机会，让他们自己去体验；给学生一点困难，让他们自己去解决；给学生一个问题，让他们自己找答案；给学生一种条件，让他们自己去锻炼；给学生一片空间，让他们自己向前走。环境是无声的教育，给每位学生一个"书香教室"，让他们在这样的环境下拓宽阅读渠道，去积累、去自主获取、去筛选。

一次，有个女同学在周记本中这样写道：

"我们班的好几个男同学在下课的时候经常要来抱我们女同学，吓得我们乱跑……"

吴老师又在另一个男同学的本子上读到了这样的话：

"我们班小林很爱我们班的女孩，以前喜欢小妍，后来他喜欢雯雯，最可怜的是小吟，她已经好几次被小林抱到过了。他一下喜欢这个，一下喜欢那个，我现在也搞不懂他到底喜欢谁了！"

吴老师意识到，他的学生已经从天真无瑕的小孩变成了小大人，开始注意到了男女同学的差异，他们有了小小的变化，也出现了小小的问题。他发现，班级的女同学常常受到男同学的欺负，上课的时候，有的男孩子会悄悄地拉前面女孩子的小辫子。于是，吴老师在班级里提出，男同学抱来抱去的做法是错误的。男女同学交往要注意分寸，要留有距离！这下可好，有更多的问题出现了，桌子上似有似无地留起了"三八"线，连地面都有界限，脚不能伸过去，伸过界限便会有"无情"的"还击"。吴老师意识到，他的话说得不全面，再这么下去，男女同学在对方的眼里又非成为"瘟疫"不可。

接着，吴老师就对男生和女生分别进行了谈心，了解他们的想法。女生说："男同学常常要欺负我们，他们在其他老师来上课时不遵守纪律。"吴老师肯定了女同学的文静、认真和细心，说男同学在这点上比不上女同学。男生指出，女班委特小气，有时才犯那么一丁点儿错误，就会"毫不留情"地把名字记在班级记录本上；女同学也特娇气，稍微"碰碰"就哭鼻子！吴老师表扬了大多数男同学的坚强和大方，他们听得笑眯眯的。接着，吴老师也把女生的意见婉转地转述给了他们，说："你们男生力气大，不该用在欺负女同学的行为上……"个别男生低下了头，承认了自己的错误，并且表示以后不再欺负女同学。最后，吴老师在班队课上指出，男女同学之间要互相尊重、互相信任、互相帮助，友好、大方地相处，有活动大家一起参加，要学习对方的优点和特有的品质。

不知不觉中，男同学和女同学的关系融洽了，女生在男生面前不会那么害羞，男生也不会欺负女生了。虽然男生偶然也会顽皮，但也不会过分。看到课堂上男女生大方地讨论问题，交流感想，听到他们和谐的笑声，吴老师也感觉到当班主任的责任重大，不仅要引导学生学会学习知识，还要引导他们正确处理好男生与女生的关系，学会做人的道理，教师有责任让学生一路走好！

三、周记批改注意事项

周记是了解班级的一面镜子、一个窗口、一个心灵互动的链接、一个师生交往的平台。当然，要真正发挥周记在班级教育管理中的作用，还应注意以下几点：

（1）要建立民主、和谐、平等的师生关系，使他们愿意向老师说心里话，希望得到老师的指导与关怀。

（2）批语要因材施教，切忌讽刺，要让学生乐于接受，使学生有所启迪。

（3）要积极对待学生在周记中提出的建议、要求和想法，不能漠然处之。班主任要尽量给学生一个说法，让事情落到实处。这样既能让学生感到自己的人格被尊重，自己的意见被重视，也能增强学生民主管理班级的主人翁意识和积极进取的自信心。

第七章 优秀教师的沟通技巧之方式

第八章
优秀教师的沟通技巧之游戏

　　学生的"向师性"与"畏师性"这两种心理总是共同存在的。一般情况下，学生非常渴望老师能与他们共同开展游戏活动，却又不敢直接邀请老师参加。因此，教师的主动参与会给学生带来惊喜与兴奋，让学生产生亲近感，从而接近学生的心，使他们对教师产生信任。适时地接近学生，融入学生当中，更能让学生严格要求自己，不甘落后，也更愿意接受老师的意见与指导，因为其中渗入了"爱"的滋润。

第一节　自我介绍

　　每当教师对新生们作完自我介绍后，新生们都会从惊讶中感到一种师生间特有的亲情。继而使学生与教师的陌生感，直接转变为非常熟悉的和谐师生关系的亲近感，一下子拉近了师生间的距离，改变成直接面对面的"老师，您好！"等礼貌文明问候语。教师应对每一位学生都真诚相待，爱生如子，注重感情投资，尊重他们的人格、个性，关心他们的学习、生活，特别关注他们在学校的成长过程。

一、自我介绍提供了相互理解的条件

　　理解从来都是相互的，只有一方理解还不是真正的理解，唯有双方的理解才是真正的理解。在教师作完自我介绍以后的教育教学过程中，学生都效仿教师作"自我介绍"，将他们小学或初中毕业的学校、小升初或中考情况及学习的情况，谁和谁是同学，有什么专长爱好等情况告诉于教师，显得非常积极主动，非常迫切想让教师能尽快地认识他们，熟悉他们。这就是在双方理解的条件下得来的。

二、自我介绍是信任的动力

　　养成对所教的每一位学生绝对的信任感，信任不仅是口头的，而且是实践中的一种体验，是一种有动力的体验。比如，一位体育老师为全面发展学生的组织工作能力和操作能力，在课堂的开始部分，他总是坚持利用了 3~5 分钟的时间，任意抽点某一位同学出列负责整队、变换队形、跑步、带徒手操、做整理运动等，人人都练，人人都有体验，包括配合老师的讲解示范。这就是给学生一种体验的机会，一改教师的"单打一"为"混合双打"的教改手法，由单向传导变为多向交流的过程，形成终身受益的教育，由这一特殊的机会，产生一种极大的师生间的信任动力所在。

三、自我介绍是师生亲情的永存

对学生的真诚，拉近了老师与学生间的距离，就会自然地产生一种特殊的师生亲情，就会对学生有一种宽容大度之心。在教学过程中，一旦学生有什么过失行为，而影响了课堂的整体教学，师生间又都会配合默契地处理好过失行为，迅速调整好课堂教学的秩序，顺利地将课进行下去，这就是对学生"过失"的理解，是因为具有师生亲情才能做到这样。他们无所顾忌地亲近教师的举动，又正是教师实施课堂改革的点子库所在，从他们七嘴八舌的言谈中，教师得到了许多有助于课堂教学改革的好点子。点子的得到，又使教师深深地感悟到对学生的亲情宽容，既是一种具有感召力的教育手段，又是教师敞开胸怀容纳学生的一种极佳方法。老师的修养不断提高，对学生的修养形成，自然就会起着一种潜移默化的效仿作用，而影响学生的一生。这种特殊的亲情，同样随着学生年龄增长，而不断地发展下去。

四、自我介绍游戏

游戏一：
游戏规则是，每个人在纸条上写下自己的外貌特征和一些兴趣爱好，不记名地上交给老师。老师再将这些纸条全部打乱，随便点同学上来抽取一张纸条。抽到纸条的人要把里面的内容大声读出来，猜猜写的人是谁，如果猜不到，让大家一起帮忙猜。等谜底揭晓的时候，这个纸条上的人就会基本上被所有人记住了。

让他们玩这个游戏的目的是让他们相互有进一步的了解。

游戏二：

游戏规则是 2 人一组，时间 10 分钟。将学生分成 2 人一组。老师先申明本次游戏的目的旨在向对方介绍自己，但是整个介绍期间不可以说话，必须全部用动作完成。大家可以通过图片、标识、手势、目光、表情等非口头的手段交流。如果需要，老师可给予适当的暗示。一方先通过非语言的方式介绍自己，2 分钟后双方互换。然后请大家口头交流一下刚才通过肢体语言交流时对对方的了解，与对方希望表达的内容进行对照。

游戏目的是说明交流有时完全可以通过肢体动作完成，而且同样行之有效，说明通过手势和其他非语言的方法完全可能实现人与人之间的交流。

最后分享一下：你用肢体语言介绍自己时，表达是否准确？你读懂了多少对方用肢体语言表达的内容？你的同伴给了你哪些很好的线索使你了解他？看看我们在运用交流方法时，存在哪些障碍？我们怎样才能消除或减轻这些障碍？

得出总结：当我们运用肢体语言进行交流的时候，会存在缺乏经验、缺乏支持和辅助手段、背景差异这样的一些障碍。为了消除和减轻这些障碍，我们要更多地考虑对方的背景和理解程度。

第八章　优秀教师的沟通技巧之游戏

第二节　合作游戏

　　教师不定期地组织一些班级活动可以培养教师与学生的默契，在一些游戏中可以培养相互的信任。相互信任了才能相互理解。

　　同时，教师也能够在游戏中对学生有更好的了解，对他们的性格有全面的认识，有助于开展学生工作，对于学生矛盾等的解决有很好的帮助。

游戏一：茶壶歌

（1）时机：晚会穿插。

（2）道具：无

（3）人数：不拘。

（4）队形：围圆圈。

（5）指导语（歌词）：

我是茶壶矮又肥，我是茶壶矮又肥，

这是壶嘴这是柄，这是壶柄这是嘴，

水滚了，水滚了，倒茶。

（6）实施方法：

边唱边做动作，左手比做壶嘴，右手比做壶柄。

游戏二：中国功夫

（1）时机：室外、晚会、晨间活动。

（2）道具：无。

（3）人数：不拘。

（4）队形：排列式。

（5）指导语：

中国功夫，秉气凝神，气贯丹田。

①双手叉腰，右脚向右一点，左脚向左一点，再左一点，再右一点，双腿向下蹲，右脚裤管拉起，左脚拉起，这招叫做"露出马脚"。

②双手向前伸，右手抓一抓，左手抓一抓，右脚抓一抓，左脚抓一抓，这招叫做"毛手毛脚"。

③双腿分开30度前面指一指，后面指一指，左边指一指，右边指一指，这招叫做"好胆别走"。

④右脚向前伸，高跪，双手抱拳，前后左右各一拜，这招叫做"大爷饶命"。

⑤双手举起齐眉向前看一看，向后看一看，向左瞄一瞄，向右瞄一瞄，这招叫做"春光外泄"。

⑥右手伸出去，右边拍一拍，左边拍一拍，后边拍一拍，这招叫做"乱拍马屁"。

（6）实施方法：主持人口颂指导语一句，由参加人员复颂一次，并跟着做动作。

（7）注意事项：

①主持人动作尽量夸张、活泼，以带动气氛。

②可由参加人员自行设计动作，扩大参与感。

游戏三：来来歌

（1）时机：

①教室上课时学生精神不集中时。

②活动开头或迎嘉宾。

（2）道具：清唱或配以录音带、卡拉OK。

（3）人数：不拘。

（4）队形：一般圆、方形团坐或站，主持人站在中间或前方。

（5）（指导语）：歌词

①正确歌词：

来来来朋友们，让我们欢乐在一起，你见我笑嘻嘻，我见你乐无比，啦啦啦……让我们生活在一起，让我们工作在一起。

②改编歌词：

来来来朋友们，将你的"头儿"抬（举）起来，向前摆，向后摆，转个圈圈放下来；来来来……（接着继续唱"右手""左手""右脚""左脚"及"屁股"。）

③尾奏：可加爱的鼓励。

④歌曲特色：

A. 唱到来来来应做招手状。

B. 节奏渐快，注意动作变化。

（6）实施方法：

①先教唱一遍正确歌词（配合拍手）。

②主持人可接着说："为让各位放开心情，现在要借各位的身体"用一用"，现在请大家跟着我的动作一齐唱。"

③配合改编歌词按头、手、脚、屁股的顺序做，最后在做屁股动作时，是全场最易欢笑时候，可夸张点或请学生再示范一遍。

（7）注意事项：

①可视时间或学生情绪将改编歌唱予以选择。

②起音不可太高，要将歌曲的喜悦及心中的快活自然流露出来。

游戏四：抓老虎

游戏说明：

（1）先练习如何拍手（快、慢）引发学生对拍手之兴趣。

（2）设一观察员。

（3）告诉学生，接下来要训练反应力，在一段话中，凡是有"虎"字出现，则须拍手一次。

（4）观察员审视学生拍手动作，如有误失则须受罚。

游戏：（提到"虎"字就拍手）

宋朝时有位传奇的将才，他的名字叫武松，以打老婆出名，出居扬州"虎"尾"虎"林街。上有一位兄长，娶妻潘金莲，另号母老"虎"，生得一张桃花脸，惹得街坊男士各个"虎"视眈眈，一副恶"虎"扑羊的架势。还好武松生得"虎"背熊腰，才保得家中平安无事。

　　近日相传山中有"虎"患，乡民各个谈大虫色变。古人有言："不入'虎'穴，焉得'虎'子"。武松决定上山除害，临行之前，拿起"虎"头铰，试一试身手。但觉"虎""虎"生风，不愧为打"虎"开山祖师。待一切准备就绪，便直奔"虎"头山，走着走着，来到一十字路口，今人名言："马路如"虎"口，市"虎"路中行。"武松小心翼翼，深怕"虎"落平阳被马欺。更不愿在这如狼似"虎"之龄，尚未深入"虎"穴，就丧命于此。因为他不是一位"虎"头蛇尾之人。无论如何，除大虫是他毕生的职志。

　　游戏五：爱的鼓励

　　（1）时机：上课前或活动后，当主持人觉得应给予某人奖励时。

　　（2）道具：无。

　　（3）人数：所有学生。

　　（4）队形：不拘形势。

　　（5）歌词：无

　　（6）实施方法：

　　①手掌。

　　②脚掌。

　　③口。

　　④手指头。

　　可依各种不同状况，采用不同方式。

　　（7）注意事项：可在最后一次掌声时加上"呼嘿！"

游戏六：结束曲

（1）时机：室内、室外的晚会活动均可。

（2）道具：录音带。

（3）人数：不拘，不分组。

（4）队形：不限或围成圆圈。

（5）歌曲：

①《朋友我永远祝福你》；②《亲爱的朋友》；③《加克利》；④《惜别》；⑤《送你一份爱的礼物》；⑥《友情》。

（6）实施步骤：

①主持人分段领唱歌曲①~④（歌词写在黑板上）。

②完整带领大家唱歌曲①~④（使用录音带）。

③引导大家手牵手或搭肩唱歌曲⑤及⑥（将灯关掉或关小，或使用蜡烛更佳）。

④歌曲⑥《友情》唱一遍以后，请大家用"哼"的调，音量降低。

⑤主持人或本班干部到团体中间讲一些感性的话，以结束本晚会活动。

（7）注意事项：

①第一阶段的带动唱应配合音乐，逐渐将团体带入惜别的感性气氛中。

②第二阶段（歌曲⑤、及⑥）清唱（合唱）将节奏放慢，声量渐降，注意感情的营造，去除嬉闹。

③惜别赠言应包括下列几项重点：

A. 告诉大家这次活动将要结束。

B. 勉励大家在未来的人生旅途上仍应继续保持乐观积极的态度。

C. 希望大家仍能持续这次的友谊，在未来的学习及生活上能相互扶持，"友谊长存"。

D. 再一次感谢大家的爱护，晚会在此靠一段落。

附　录

有效沟通之基本准则

相信每位老师都会以某种形式和学生进行沟通。但实际上，大部分老师在传递讯息上都未尽其所能。现在，我们提供的一些学习沟通的基本规则将有助您更成功地传递讯息。

1. 在克服人际障碍时，千万不要涉及批判。

2. 小心运用最佳媒介搭配所要传递的讯息。

3. 可能的话，在沟通时运用视觉辅助。

4. 和别人站着沟通时，最好保持大约一米的距离。

5. 紧张时，慢慢地深呼吸以放松自己。

6. 确定自己无意中没有穿敌对的外衣。

7. 在镜子前练习，找出最自然的表情和姿势。

8. 知道该问什么问题，以获得最好的答案

9. 自信地运用沉默作为鼓励说话者的工具。

10. 思考你所听到的话，而不是说话的人。

11. 对于别人所说的话，保持开放的心态。

12. 如果你想得到一个特定的答案，那就提出一个特定的问题。

13. 以开放式问题了解他人的个性并获取响应。

14. 沟通之前先列出问题。

15. 在想起下一个问题之前，不要害怕停顿。

16. 尽可能以自然的语调创造温暖的气氛。

附

录

17. 运用相关物——特别是显著的物品——加强记忆力。

18. 确认沟通环境合适，例如灯光。

19. 站起来打招呼或道别，坐着是极不礼貌的。

20. 给予正面回馈时，陈述赞美的理由。

21. 让沟通对象知道你对传达讯息所做的努力。

22. 不知道该不该传递这项讯息时，还是选择传递吧。

23. 不要在拒绝了解你的人身上浪费时间。

24. 在桌上放置时钟，以控制使用电话的时间。

25. 如果答应回电，就别食言。

26. 利用功能快速的电子邮件"回复"做出响应。

27. 避免使用复杂、不常用或抽象的字句——它们会模糊你想传达的意念。

28. 适当运用幽默感加强共识的达成。

29. 想想你心目中的理想结果，以及如何达成这项结果。

30. 避免提出任何不受支持的主张或结论。

31. 找出最具沟通技巧的同事。

32. 如果你想听实话，就要对沟通对象坦白。

优秀教师的沟通技巧